Healing the Heart of Conflict

和解的艺术
——冲突解决八步法则

〔美〕马克·格平（Marc Gopin）著
张飞龙 张伟 龚格格 译

8
CRUCIAL STEPS TO MAKING PEACE
WITH YOURSELF AND OTHERS

中央编译出版社
Central Compilation & Translation Press

北京市版权局著作权合同登记章
图字：01-2005-4325

Healing the Heart of Conflict by Marc Gopin
Copyright © 2004 by Marc Gopin, all rights reserved.
Published by arrangement with RODALE INC.，Emmaus, PA, U.S.A.

本书中文简体字版由Rodale Inc.授权中央编译出版社独家出版发行。版权所有，侵权必究。

图书在版编目（CIP）数据

和解的艺术：冲突解决八步法则 /（美）格平著；张飞龙，张伟，龚格格译.
—北京：中央编译出版社，2007.8
书名原文:Healing the Heart of Conflict
ISBN 978-7-80211-510-1
Ⅰ. 和… Ⅱ.①格…②张…③张…④龚… Ⅲ. 人际关系学－通俗读物 Ⅳ.C912.1-49

中国版本图书馆CIP数据核字（2007）第110188号

和解的艺术：冲突解决八步法则

出版发行：	中央编译出版社
责任编辑：	韩德江
地　　址：	北京西单西斜街36号（100032）
电　　话：	（010）66509360 66509361（编辑部）
	（010）66509364（发行部）　66509618（读者服务部）
http://www.cctpbook.com	
Email:edit@cctpbook.com	
经　　销：	全国新华书店
印　　刷：	北京金秋豪印刷有限责任公司
开　　本：	787*960毫米　1/16
字　　数：	150千字
印　　张：	14.25
版　　次：	2007年8月第1版第1次印刷
定　　价：	26.00元

本社常年法律顾问：北京建元律师事务所首席顾问律师　鲁哈达

致亚历山大·罗西和我的女儿莱西

你是雅各布的玫瑰,
在我的父心中绽放,
他那即将凋零的灵魂之花瓣啊!
跃入了他的年轻,
跃入他那反抗人间琐事的力量。
在急救室里的病床上我擎着你小小的身躯,
在你那肺炎折磨的两肺之间交织着的
血管和电线将我们连在一起。
我们休息之时把你放在两腿中间,
我赋予你生命,
当一点点的我死去,
它们却拯救了你。
如今,你体壮如牛,
就像我的父,是那么健康,
你那双眼露出沉静与傲慢,
你那馋馋的肚子欢笑着味道的精美,
你的容颜竟有如此惊人,
照亮了所有神的世界。
因你而感谢主啊!
因为你那每一刻的安宁,
做一个无所畏惧的和平使者吧,
我亲爱的莱西。
治愈所有神的世界,
无论它有多么黑暗。
当你在这里找到我时,
我将与你同在,
我最挚爱的莱西。

目 录

前 言 1

第一篇 基础篇：八步法则 1

第一章 自省——身份与性格 3
深刻反省我们自身矛盾的根源，并使我们的个性成为解决矛盾的必要辅助手段。

- 从自我反省开始 4
- 作为精神历程的自我反省 8
- 关心自我 10
- 承认错误的勇气 11
- 在矛盾中找到意义 13
- 以新的方式进行自我定位 18

第二章 感知——情感作为冲突和解决冲突的核心 22
感知：不管这些引起冲突的内心情感是积极的还是消极的，我们都需要仔细辨别和正确面对，然后把它们转化成有利于解决冲突与矛盾的工具。

- 面对矛盾性情感 24
- 挽救人际关系的积极情感 26
- 积极情感的转换性力量 29
- 平衡情感 33
- 治愈心灵的情感 36

第三章 了解——了解矛盾与冲突 41
了解：就是通过了解其他矛盾来超越问题的界限，从这种知识中汲取普遍的经验教训，从而懂得怎样做会造成伤害，怎样做才能解决矛盾。

过失归因	44
如何交流	45
冲突陷阱	46
权力以及权力的不均衡	47
需求和利益	50
旧伤疤	51
复杂动机	53

第四章 聆听——聆听的艺术 …… 57

聆听就是技巧性地辨析每一句话，不放过每条线索，那将帮助你进入周围人的世界，尤其是和你发生冲突的人的世界。

倾听——其他几步的辅助手段	59
聆听——既是一种技巧，也是一种道德品质	60
听话外音	61
倾听——领导者的一把钥匙	63
倾听——了解人们需要的关键	67
恰当的聆听——能够促使我们采取行动	69
倾听和情绪转移	71

第五章 观察——观察的艺术 …… 74

观察：运用技巧去观察每一件事情，从而找出一条线索，那将会帮助我们进入他人的世界，特别是对手的世界。

观察优秀的领导 ················· 78
　　集体中的良性关系与破坏性矛盾 ········· 78
　　超越第一印象的观察 ··············· 80
　　观察见面时的情节 ················ 81
　　睁大眼睛，认清对手 ··············· 86
　　潜在的因素可能导致严重冲突 ·········· 87
　　怎样观察 ····················· 87

第六章　想象——畅想未来 ············· 89

　　想象：从冲突之网中挣脱出来，后退一步，憧憬一下那些可以彻底改变生活和改善人际关系的途径。

　　想象疗法 ····················· 89
　　没有想象是不行的 ················ 92
　　克瑞和她的同事 ················· 97
　　忘记过去 ····················· 99
　　与上校、牧师和酋长一起畅想未来 ········ 100
　　容忍矛盾 ····················· 102
　　培养孩子积极的想象 ··············· 104
　　重新思考 ····················· 106

第七章　行动——行为和态度的转化性力量 ······ 108

　　行动：生活中，我们从前几个步骤中获得智慧，采取行动则是这些智慧的结果。

　　对待我们所爱的人 ················ 109

人生的转折点上采取果断的行动 ·················· 113
在冲突变得具有毁灭性之前，采取行动 ·········· 117
身体语言能够解决已经存在的冲突 ················ 121
达观和勇气 ·· 123

第八章 表达——对话和沟通的挑战性 ·············· 126

我们的目标就是相互沟通和妥协，最终解决冲突，因此表达就是将我们从前几章里学到的知识运用到每一句话里。

过 境 ·· 127
北爱尔兰 ·· 128
慎重选择语言，仔细考虑每句话 ·················· 130
战争中有利于解决冲突的言语 ······················ 132
仪式的力量 ·· 136
花点时间与人交谈 ································ 138

第二篇 应用篇：工作、家庭、社区 ······ 141

第九章 工作——八步法创造一种生活 ············ 143

工作：在日常工作中运用八步法则，这样能够预防矛盾的出现；即使矛盾已经出现了，也能弱化矛盾，解决矛盾。

健康办公室 ·· 144
受伤的工作者和办公室里的斗士 ·················· 147

  拙劣的领导方式 ·················· 148
  寻找意义和价值 ·················· 150
  合作并把握成长的机会 ·············· 153
  在工作中正确看待个人风格和需求 ········ 155
  人际关系中的适应性 ················ 157
  友好竞争 ······················ 158

第十章 爱——八步法在家庭中的应用 ······ 160
  爱：在处理日常家庭关系的过程中，把八步法则运用到每个具体事情上，就能预防新的矛盾出现，又能够解决积累已久的冲突。

  持续的关注 ···················· 162
  重建破裂的关系 ·················· 163
  成长与转换 ···················· 166
  从困扰到解决 ···················· 168
  从我们所爱的人身上效仿其积极的一面 ····· 170
  对"完美"的幻想 ················· 172
  家庭和睦之路 ···················· 175
  循序渐进地解决问题 ················ 180

第十一章 和谐——八步法在社区中的应用 ······ 184
  和谐：在社区生活中结合八步法则，我们就既能预防新矛盾的出现，也能解决旧矛盾。

  倾 诉 ······················ 187

主动向敌对方示好 …………………………………… 190
同时接受好坏双方 …………………………………… 192
不惜一切代价地聆听 ………………………………… 194
为他人留出空间 ……………………………………… 196
在耐心与激情之间 …………………………………… 198
关　爱 ………………………………………………… 200
诚实，谎言，坦诚 …………………………………… 202
移情能力 ……………………………………………… 204
挑战过去以创造幸福生活 …………………………… 206

致　谢 …………………………………………………… **210**
作者简介 ………………………………………………… **212**

前　言

  很久以前还在我的孩提时代时，我就是家里的和事佬。随着年龄的增长，建立一个旨在调解矛盾与冲突的机构的念头出现在我的脑海里。从那时起，我的整个职业生涯就在教书、谈判、旅游中度过。为了能介入世界上最难缠的地缘政治中，我去过中东、亚洲、北爱尔兰以及其他许多麻烦不断的地方旅游。参加过我的培训的人员包括演员、政客、军官、外交家，也有极端分子。在美国和海外，我培训过数千名学员，而且直到今天这种培训工作仍在继续。同时作为一名犹太传教士，我曾数次到犹太社区服务，帮助教友处理日常事务和家庭冲突，而正是这些冲突和矛盾使生活的很多方面遭到了破坏。从这个视角入手，我得出了一些有关各种各样的冲突的结论性见解，而这个重要的视角是从我扮演的不同角色的经验中获得的。

  我所发现的是，敌对民族间的那些能引发冲突的难以处理的世仇，和那些对个人来说影响巨大的破坏性的个人和家庭矛盾有着根本的相似性。

  我所关注的冲突类型非常复杂，对抗的方式也非常复杂；对抗既耗费我们的精力，也达不到目的(在任何情况下，我们本来可以运用这八个步骤提高解决冲突的能力)。这是因为些许的争论和分歧实在微不足道。事实上，根据我的经验，通常人与人之间存在些微的意见分歧是十分有益的，不同的看法会激励我们做出创造性的决定，认清事物的本质，挖掘我们的潜能；一句话，有些意见分歧是富有建设性的。

然而，与生活中的起起落落不同，破坏性的冲突是指那些对正在进行的事业基础产生损害的活动，并且它抵制表面上看来有任何转机的解决方法。例如，冷漠的父亲和暴怒的儿子之间的冲突，由互相关爱转变成相互怀恨、相互嫉妒的姐妹之间的冲突，由友好发展到不信任的商业伙伴和亲密朋友之间的冲突，从小到大就被仇恨包围着的不同种族、不同信仰的邻里之间的冲突。破坏性的冲突是以最初的不满情绪为基础的，理性地讨论和谈判不能解决问题。诚然，人与人之间的矛盾冲突都有内在的原因。我们内心的自我身份对我们如何和他人相处起着决定性作用。正因如此，如果想解决自己或者他人的冲突，最好先从自我入手。

我发现，让人产生受辱和不敬的感觉是大多数冲突的根本起因。同样，解决的根本依据也包含相反的因素：使他感觉受到尊敬，感觉受到重视，使他发现社区生活的意义。坦白地说，我无数次运用这些基本的积极情感，例如关心家庭、呵护友谊、尊敬死者，总之是尊敬，很快使一些看似不共戴天的仇敌改善了关系，问题解决之容易让我惊讶不已。

我最终认识到，永久性解决破坏性冲突的唯一途径存在于自我反省和信仰成熟的过程中。这对解决耶路撒冷或加沙城居民之间的冲突十分有效，对解决那些在工作中或者社区中出现的家庭成员或先前的好友之间的冲突也同样有效。真正能解决冲突的方法要求具备很多条件，可是它给我们提供了一种自由意识和重新体验自己能量的方法。当我们向最好的自我前进时，它给我们提供了一个重新整合轻重缓急的方法。

辨认生活中的破坏性冲突并不困难。下面列举了一些破坏性冲突的典型特征：

• 所有显而易见的解决方法对冲突双方而言都是不可接受的。
• 当事方感觉即使当初所有的争论都已经解决，痛苦和愤怒仍然存在。
• 即使对手在抱怨说希望它结束，但是冲突似乎有生命，循环延续不停。

- 种种迹象表明当前的冲突并非和宣称的观点有关。
- 敌对的双方丧失了观点（都很盲目），在冲突上花的时间比判断冲突的合理性还要多。
- 敌对的一方或许说他们感觉到某种情绪：悲哀、失望、不满，然而很显然其他更加强烈的情绪（愤怒、报复的欲望）也包含其中。
- 双方都觉得需要不顾一切取得冲突的胜利，因为他们觉得自己的生命或者身份岌岌可危（即使外部的事实证明这种说法没有正当理由也无所谓）。
- 双方似乎被拖入战争，就好像他们以战争为生似的。

破坏性冲突绝对可以解决，但是双方都需要有一个转变的过程才能打破僵局；只有双方以积极的态度控制冲突，冲突才能得以解决。而且，转变立场自然对己有利，也对解决问题有利。鉴于此，我认为，写一部指南帮助人们结束矛盾重重的人际关系，摆脱破坏性情感，并将之转变成积极的、健康的情感，是相当重要的。这些指导方法就是八步法。

在《和解的艺术：冲突解决八步法则》中，我并没有把重点放在如何解决冲突上，正如书名所暗示，本书的重点在于深入地解决矛盾与冲突。一段时间后，我教的方法会产生令人惊讶的、转变性的效果。如同从我调解国际和平工作中选取的案例所展示的那样，八步法的培训课程超越了种族、性别、政治和国别障碍，因此它可以创造性地应用到全世界破坏性冲突的解决之中。

本书的前八章阐述了我所倡导的方法——采取必要的步骤解开束缚着我们的破坏性冲突之网。书中每一章都包括我工作中的奇闻轶事、我和他人的私人生活记录，以及哲学、伟大的宗教传统、文学、心理学、社会科学的参考资料，还有国际谈判中最新应用的技巧。

与那些认为解决冲突只有通过正式讨论的方法不同，我认为，解决冲突的过程必须始于内省，终于交流和对话。我认为效果极佳的八步法要求我们按以下步骤操作：认同—感觉—理解—观察—设想—实施—交谈。每一步都彼此密切相关，每一步都在为下一步实施的可能性做充分的铺垫。所有的步骤都告诉我们如何反省自己，使我们的个性真正有益于冲突的解决。这将使我们为了解决冲突，而认真关注自己和他人的情感力量。由此我们可以理解在对手之间正在发生的一切冲突的动因，并且使我们能够运用全新的方式和技巧聆听他人讲话。从而，我们可以了解冲突方方面面的启迪作用，但这通常是没人能够注意到的。然后我们又开始构想创造性的解决方法，而这也通常没人敢于设想。所有这一切使我们采取强有力的行动去彻底改变令人绝望的状况。最后，我们运用语言的力量进行交流，这并不是去伤害任何一方，而是去解决冲突，并创造新的现实。这里的关键是每一步骤都要建立在实施前一步骤所获得的力量和能力的基础之上。

在本书的第二部分，我们把从八个步骤中所学到的知识应用于各个场合之中，在这些场合里我们最常见到破坏性冲突。第九章和第十章论及日常生活中所发生的破坏性冲突，并阐明八步法应该怎样应用于每一案例。最后一章提倡和谐运用八步法，鼓励我们在集体生活中运用从前八章学到的知识，从而使所有的人得更加幸福、健康地生活。第十一章包含一些富有启发意义的例子，它们都是从充满毁灭性冲突的地区选取的，比如利比亚。这一章也讨论了各种使当地社会政府、小公司、非营利机构或其他组织能够和谐运用的方法，以及为了共同的利益把个人目标同社会目标结合在一起的方法。

踏上本书所规划的旅程，我们就会更加幸福，越来越健康，因为我们将会发现各种途径来恢复那些已经中断的人际关系，并建立起牢固的私人关系和商业联系。我们经常会陷入个人和家庭的麻烦之中，我们也会经常听命于这样一个事实：我们的家庭注定矛盾不断，我们的事业也注定冲突频频，这种现象太过频繁了。实际上我们在假定这个世界一定得饱受冲突的折磨。然而通过我们一步步地学习，终将意识到无论在家庭中、在朋友之间、在公司、还是在社会，我们都可以解决冲突，都可以创造一个更加温馨的环境。

　　当我很小的时候，还没有人把解决冲突和治愈战争创伤当作一种职业，然而在我有生之年看到全世界成千上万的勇士把解决冲突当作自己的探索领域、一种职业、一种职业激情，直指人性的改善。社会及时出现了专业领域让我实现自己深切的愿望，这让我感到十分幸运。我曾被赋予运用我的智慧和热情治愈暴力、仇恨和战争所造成的创伤的特权。我最深切的愿望就是那些读过此书的人会在治愈冲突创伤的过程中发现乐趣，把幸福带给自己和他人。

马克·格平

第一篇

基础篇：
八步法则

第一章　自省——身份与性格

> 深刻反省我们自身矛盾的根源，并使我们的个性成为解决矛盾的必要辅助手段。

作为个体，我们的身份都与如何与他人相处密切相关。八步法则的第一步就敦促我们扪心自问："是我们内心中的什么东西导致冲突产生，而我们又必须从冲突中得到什么启示？"在我们面对已造成和尚未造成的伤害时，应该尽最大可能地认清自我，这是最重要的一步。做到这一步并不容易，然而它却包含最多的希望，即远离痛苦，走向幸福。即使这只是我们迈出的唯一一步，我们也会坚定地走上解决冲突（至少是我们自身存在的矛盾）之路。

八步法则的魅力在于前一步能够自然而然地进入下一步。一旦我们明白了自己在矛盾激化的过程中所发挥的作用，这种认识就会改变我们对待别人的态度，进而使这些矛盾逐渐缓和。许多人在整个生命历程中一直在矛盾或者冲突中挣扎，然而他们自己并不知道原因。但是只要他们用心观察，就会发现事情并不难解决。

几个月以来，特里·史密斯感到同事们都在躲避她，她认为时间可能还要长一些，甚至几年以来都是如此。这件事情令她忧心忡忡，不仅仅因为这是特里职业生涯中令她莫名其妙的一面，而且还是衡量她个人身份与同事认同状况的基本标准。特里已经为了事业而放弃了家庭，如果再得不到同事的尊重，她就会感觉事业全然也不像事业了。一些底层的工人会因为些琐碎的事情向她求助，然而公司里那些有地位的或与她同级别的人士都不愿意同她一起合作开展真正的大项目，这让她倍受打击。

正如特里所言，在她的同事中确实有人在躲避她。所以，在日复一日的工作中，她总觉得自己很无辜。但是她所说的也不全是无稽之谈。特里习惯于接受许多任务，然而很多任务远远超过了自身的能力。她没有任何安全感，因此从来没有拒绝过任何一个项目。每一件事情她都尽可能地掺和进去，否则就会感觉到这些事情与自己没有任何关系。这样一来，她就不符合成为公司长期员工的基本要求。她把开展了一半儿的项目扔在一旁，然后把失败掩盖起来，或者归咎于他人。她总是大声抱怨工作负担太重，如果有人让她独立完成这项工作，她就会破口大骂，说自己受到了排挤。这种行为使她变得十分不可靠，对周围的人来说也很危险。她的内心矛盾使她失去了同事的信任。为了弥补事业上的损失，也为了重获幸福，特里需要审视自己的性格。

从自我反省开始

当他人不能与我们的生活方式苟同时，我们往往就会变得特别依赖于某种特定的矛盾，甚至一系列矛盾。这种让人难以接受的现实完全背离了我们的直觉。我们倾向于认为冲突只是偶然发生在自己身上，而不认为我们会助长冲突的恶化。当破坏性矛盾处于高潮时，我认为我们或许需要审视一下自己的动机，然而这个想法看似很可笑、很无礼，似乎也是错误的，就好像在谴责我们这些无辜者一样。但是为了更清楚地了解矛盾做准备，首先应该承认我们自己在矛盾的发展过程中发挥着某种作用是第一步，也是最重要的一步。

在某一时刻，自我反省能够让我们洞悉何种情绪正在自己心里蔓延，也能够让我们洞悉它如何巧妙地滋生矛盾，或者如何必然导致矛盾激化。考虑一下我所说的螺旋状愤怒吧。在一个人做了一些微不足道的事情但却因此而伤害了别人时，这种伤害就会激发起一种愤怒的反应，而这种反应后来又激起了更具伤害性的反应，一直到双方的关系完全破裂为止，这时螺旋状愤怒就形成了。让我们来共同研究一下这种现象。这种现象发生在某一天的特定语境之下。就在那一天，对大多数人来说许多紧张刺激的东西和动机将会使我们陷入螺旋状愤怒之中。

早上，萨拉一从床上爬起来就直奔浴室里的台秤，她发现几乎在一个晚上体重就增加了两磅。当她回想了一下昨天所吃的东西时，感到十分沮丧。萨拉诅咒自己的基因，她认为减肥困难都是因为基因的缘故；但是在萨拉的内心深处，她对自己也感到生气、失望。

她走进女儿的房间，叫醒她去上学。萨拉已经十分沮丧了，当她发现女儿正在无法克制地打喷嚏时，她好像得了过敏症一样，完全不能控制自己了。现在她既对自己失了耐心，也对女儿失了耐心。萨拉的怨气就像螺旋一样上升，然后撒向了整个家庭。

后来，萨拉下楼到厨房煮咖啡，在喝早咖啡的时候，她在收音机里还听到了一起恐怖袭击事件。甚至在她换衣服上班之前，孩子们一直在观察她对该条新闻的反应，他们意识到她异常紧张。这种螺旋状愤怒的结果就是给每个人的一天都带来糟糕的开端。

现在让我们看看它的另一面——被我称作螺旋状的乐观，它能够给事物进行反方向的定位。像很多人一样，我也很难去面对那些令我感到难过的人们，然而我的小女儿就没有这样的顾忌。她会打电话给一个在学校里不理睬她的朋友，并很坦诚地描述她的感受。她们几分钟就把事情解决了。我惊奇地站在那儿，佩服她约定的速度和那份从容。我那7岁的女儿瞬间所展现出的多种谈判技巧，远远超过了妻子和我所希望的。

与这个例子有点相似的是，自我反省曾使20世纪下半叶六位重要的政治领袖甘愿冒着事业甚至生命的风险与对手进行和平对话。其风险之大，难以想象。他们之所以这样做是为了拯救百万苍生于战争和无尽的冲突之中。他们是埃及总统安华·萨达特、以色列总理伊沙克·拉宾、前苏联国家主席麦克尔·戈尔巴乔夫、南非总统F·W·德克勒克和尼尔松·曼德拉。

萨达特总统给以色列带来了史无前例的和平，他的努力使历史上著名的《戴维营法案》得以签订，这是历史上第一部由阿拉伯伊斯兰国家和以色列签订的法案。1977年11月7日萨达特总统大胆地开始了他访问耶路撒冷和以色列国会的行程。这件事引起了整个阿拉伯国家对他的强烈谴责，并最终遭到以色列激进分子暗杀。杰米·卡特总统极其崇拜萨达特总统。1979年3月10日，在埃及人民代表大会上的演讲中，卡特总统说道，"我对埃及这片土地怀有无比的崇敬之情，我对埃及人民以及你们的领袖萨达特总统怀有深切的敬意，正是他伸出那双强壮的手来改变历史的进程……16个月前，一个叫萨达特的人站起来说'战争该结束了，和平的时代到来了，萨达特总统的耶路撒冷非常之行开启了和平的进程，正是这个和平进程把我带到了这里。你们的总统已经向人们展示了人类勇气的力量，以及人类在绝望的处境中创造希望的想象力。"

几年以后，在启动与巴勒斯坦官方会谈的进程中，以色列总理伊沙克·拉宾曾对巴勒斯坦的领导人提出了一系列史无前例的官方提案。同样，他也遭到犹太极端分子的强烈谴责，也被暗杀了。在生命结束的前一天晚上，拉宾参加了一次有数以万计支持双方谈判的人们参加的集会。朋友们说他在那个晚上确实过得很愉快。

F·W·德克勒克和尼尔松·曼德拉"为和平终止南非种族隔离

统治做出了巨大努力,并为建立新民主的南非奠定了基础",两人因此于1933年共同获得了诺贝尔和平奖。经过两人的努力,南非避免了再次发生种族灭绝和种族战争的非洲悲剧。然而德克勒克却被许多白种人称为叛徒,因为他们认为他在拿着他们的全部未来冒险。极端分子对他本人的生命威胁当然是真实存在的,他差点就被暗杀了。另外,德克勒克极力推动分权运动——这是南非历史上的突破,当然他本人不会从中得到任何益处,因为经过一百多年的种族压迫,非洲黑人根本无法接受一位白人领袖。同样,曼德拉也冒着极度的生命危险,一方面宣传调停政策,另一方面赦免了许多种族隔离时代的罪犯。

麦克尔同样为苏联帝国的终结和冷战的结束铺平了道路,因此他在西方国家深受欢迎。而在国内,他却受到不公平的待遇,麦克尔很快就失去了权力。苏联本来可以苟延残喘几十年或者更久,但是残酷的压迫最终导致了它的分裂。分裂的国家之间本来极有可能战祸频频,试想苏联巨大的核武器库若被错误的人控制,世界上将会发生什么状况?人们战战兢兢地思考着这个问题。每个人都知道如果通过开放来改变苏联的政治格局,戈尔巴乔夫很可能就会打开分裂的闸门,整个国家势必四分五裂,就像洪水出闸一样一发而不可收拾。苏联是一个十分脆弱的混合体,由许多民族组合在一起,但是任何缩小苏联版图的举动,抑或仅仅暗示那种可能性的存在,对于俄罗斯人民来说都将是一种巨大的威胁,对生存的威胁。如果领导人没有远见而强迫俄罗斯各民族统一,俄罗斯就会陷入无休止地战争之中,而绝非仅仅是发生在车臣的一次战争。

这些勇敢的领导人都选择了和平立场,从而拯救了数百万的黎民苍生。他们没有采取政治上的权宜之计;与之相反,他们所做的事情令人震惊,甚至史所罕见——为了真理和人民的需要,他们冒着结束自己政治生涯,甚至是生命的危险。但是他们并不是每时每刻都在反省自己的典范。他们有时也会像我们这些人一样轻举妄动。但是，在生命成熟的关键时刻，他们会问自己究竟什么问题才是真正重要的，答案也往往会给他们的信仰增加智慧和勇气。

有很多人曾经在政治和经济领域内进行过无数次的研究，他们试图揭示这些领导人如何作出这些至关重要的决定。但他们往往会忽略这样一个事实：这些人是在用良心做决定。他们的决定在解决一些复杂的矛盾过程中发挥着积极、诚实的作用，而在冲突解决的过程中包含着激烈地自我反省。他们询问自己的各类问题也都值得我们扪心自问：生命的意义是什么？我们甘愿为何而牺牲？我们要为后世留下什么遗产？这些都是进行身份认同过程中必不可少的问题。

在我给出的这些例子中，我试图从方方面面展示个人、家庭以及国际上的人们是如何理解愤怒和面对愤怒的。我们必须了解愤怒是怎样影响人际关系的，也必须了解怎样才能实现真正意义上的解决矛盾，还必须了解怎样解决我们自己生活中的矛盾。所有这些都始于严密地自我反省和观察——还要学会怎样做人。

作为精神历程的自我反省

人们往往只能够片面地意识到某种东西的确在激励着我们去做某种事情，这是人的本能。在艰难处境中我们一而再再而三地发现自己正在做出各种各样的反应，有时是积极的，有时是消极的。这些反应方式令我们自己都感到吃惊。通过从自己的经验中汲取教训，通过审视自己所走过的路，我们变得日渐成熟。生活中我们一直不停地审视自我，通常能够准确地认识到我们此时此地此刻将要发生什么事情，这种生活才能叫做经过反省的生活。通过经历这种时刻，我们才能够对生活的方方面面形成重要的观点。进一步说，这种升华了的做人意识有益于避免破坏性矛盾，从而使我们能够把注意力集中在那些十分重要的问题上。比如，现在或将来，作为家庭成员，作为朋友，作为生产者，作为领导人，我们想成为一个什么样的人？

提高自我反省能力一直都是许多宗教追求的目标。比如，佛教中成佛的八个途径之一就是正思维，正确地理解。犹太教中，behinat ha-nefesh——就是审视灵魂，它是道德提升的关键部分。其特征是人们需要长期悔过，甚至用一生的时间去痛改前非，更准确地说是向上帝求助或回归上帝。天主教的忏悔以及门诺教派和教友会的洞察力也包括仔细审视内心世界和对周围世界的反应的因素。当我们面对自己的内心世界时，或许要面对那些令人不悦的感受，像孤独、沮丧、气愤、嫉妒和不耐烦。我们不应该压抑这些感受，相反需要更好地了解它们，甚至应该把它们当作亲朋挚友一样对待。即使我们发现这些心理品质与比较健康的自我形成尖锐对立，但为了克服这些不健康的心理品质，我们必须了解自己的对手，并了解它们所有的小伎俩。这无疑是非常重要的。一条公元1世纪的古老犹太格言是这样说的，"谁是真正的英雄？真正的英雄是能把敌人变成朋友的人。"如果我们能够正确对待自己精神生活中更具有破坏性的一面，那么就学会了如何调控那些可能出现的最糟糕的结果。

还拿特里的事情来举例，她必须同时勇敢地面对那些健康的和使她与人们性格品质。她需要认识到在这种复杂的情况之下自己那些最不健康的冲动，比如为了取悦大家而急切地同意接受每个项目，将会使她踏上另外一条道路，也会令她感到气愤和被疏远，同时她的表现也非常拙劣。然而有时候像特里那样的人往往看不到自己的消极作用。但是我发现，探讨那些令他们头疼的事情的环境越是有支持作用，越是私人化，越是安全，我们的谈话与他们的自我反省紧密结合起来的可能性就越大。当我在谈话过程中运用大量的褒扬之词时，事实就更是如此，因为此刻我们大家都必须面对自己消极的一面，而正是这个时候我们的确需要从赏识自己的朋友那里得到最大的支持。也只有在这个时候我们才能够发现真正的诚实。在自我反省过程中诚实就像一味良药，但是如果没有大量的甜味，它是无法下咽的。

关心自我

为了使我们走上自我反省之路，尤其是在一些难以解决的矛盾中，我们必须做好充分的思想准备。我们还必须充分地关心自己，甚至自爱也并非不可。对自己诚实并不是在扰乱自我意识，也并不是把所有的矛盾都归咎于自己。在许多文化背景中，过度的自责对于在矛盾中习惯于承担罪责的妇女尤为危险。与此相反，坦诚地承认自己的问题当然涉及到这样几个问题——我们要完全相信自身存在着这样或那样的问题，同时也涉及到我们须要认识自身最优秀品质的问题。

这些年来，我曾为学生们设计了大量解决矛盾与冲突的训练计划。我记得在我指导的为期一周的冲突解决训练过程中，当斯塔希——一位来自英国的优秀学生——遇到任何困难时都会不能自已地哭哭啼啼。就像在民事法庭上法官很难控制人们激动的情绪一样，我也很难控制她的情绪。我意识到她在某些方面出了问题。最终，我获悉斯塔希和班里另外一名妇女都遭受了配偶的虐待和性虐待，而且她们受到的伤害十分严重。另外一位妇女——尼塔，在班里也表现出超常的沉默，她经受得伤害比其他任何人都多得多。

没有任何一个妇女会有勇气面对自己内心的冲突；任何处于困境的人最终都会通过两种方式把自己封闭起来，一是哭泣，二是保持沉默，这是显而易见的。她们通过这两种方式伤害着自己，因为她们不能从平等对话中得到任何缓解矛盾的机会，也不能从自己扮演的角色中受益，更不能从其他方面的训练中得到好处。

为了在各种社会背景中更加全面地展示自己,她们就需要撕开掩盖伤口的假面具。在讨论矛盾和冲突的时候,她们不需要把主要焦点放在自责上面,而是更加需要注意她们从别人那里所看到的问题。

斯塔希和尼塔存在的问题截然相反!如果她们能够避免把矛盾深藏在心,能够使自己免受伤害的话,就能为下一步要做的做更加充分的准备。例如有效地倾听和表达。但是,除非她们停止自责,否则她们不可能做到这一点。

有几次,我正巧碰见她,她总是哭个不停。从那时起,她写信对我说她在生活中表现得极其出色,这简直令人难以置信。那时她来上课,表面上是为了寻找帮别人解决矛盾的技巧,实际上也是为了自我的解放而努力。她首先需要做的事情——实际上在一周的重要训练中她最后才做的事情——就是如何关心自己的工作,这才对自己有真正地康复作用。

承认错误的勇气

我们经常会这样说:"我并不知道该怎样解决那个问题。"这句话里蕴涵着谦逊。这种表述暗示着我们坦白地承认了我们没有发现也未曾想到前进的道路,也暗示着矛盾的出现与我们所计划的完全相反。当我们处在矛盾与冲突之中时,这种坦白十分重要。当你在谈判中正为某一立场而争辩时,你相信谁呢?是相信那些为每个独立观点而战,而且又必须是不犯错误的人吗?还是相信那些能分辨出自身错误,也能够分辨出其他重要争端的人呢?

例如,我不倾向于相信中国政府,在2003年的数个月之内都不承认有非典发生,一直到非典失去了控制才不得不承认它的确存在。据透露,中国官员确实对国际检察员隐瞒了病情。这种欺骗行为给所有正派的、心急如焚地希望控制这种传染病的中国医生造成了极大的伤害,也使全世界所有人的生命处于危险之中。

也许我们不知道所有的事实真相，或者不了解矛盾中夹杂的所有矛盾情感，但只要我们能对得起天地良心就称得上明白事理。所谓"对得起天地良心"就是我们通常所说的诚实反思。由于我们需要判断某种情况的对与错，就让我们先来思考一下探究矛盾的进展程度，思考一下我们究竟有多大决心来满足自尊心，这相当重要。我们总是希望自己能够在处理各种矛盾中游刃有余，那就得在生活中表现得谦虚谨慎。这对于一个善于解决矛盾的高手来说至关重要。它要求我们允许对自身的价值观有不同的阐释，因为矛盾并不是集中在不同的价值观上，而是集中在对共同价值观的不同阐释上。在学习做人的道路上，学会同那些对同一种价值观有着不同理解的人相处是我们的重要目标之一。

有一对父母，他们都深爱着自己的孩子，认为为孩子做出钱财上的牺牲虽然很困难，但对他们的幸福而言却是必不可少的。他们拥有共同的价值观，比如说坚信良好的教育和健康的生活方式会使孩子过上幸福的生活。他们的儿子马克斯是一个聪明的孩子，每当他运用自己的聪明才智时，就会倍受激励，但是他在班里学习时并不努力。马克斯还需要加强锻炼使身体更加强壮。他热爱游泳和象棋，然而只能选择这两项活动中的一种，不能两者兼得。因为这两种选择都太昂贵了。爸爸倾向于游泳，因为他认为如果孩子因为身体弱小而被当作是懦夫，生活该多么没有意义。妈妈则认为如果有严重的智力障碍，生活会变得很艰难，所以她偏向于象棋。父母为马克斯应选择哪一种活动而争吵不已。

如果两人能认识到自身的生活经历影响了他们为孩子做出选择，就会很容易避免这种矛盾。当他们按自己的需要来规划孩子的未来时，都需要认真观察——像所有父母做的那样。八个步骤中的第一步——做人——建议他们暂时把各自的观点放下，公开承认他们最珍惜的共同价值观——对马克斯未来的爱与关心。他们可以对自己说:"等一会儿。我知道我们都希望得到同一个结果,都希望培养出一个既有光明前途又幸福健康的孩子。但是我那么确信我的建议是唯一能实现我们目标的可行方法吗?也许我的爱人是对的,如果我们能一起讨论这个问题,也许我们能够找出一个可行的解决方案并通过长期的努力来完成这两个目标。"

有一些矛盾是介于对与错、更好的结果与更坏的结果之间的,但大多数则不是,多数是与健康的共同价值观相关的自以为是的争吵。但是当没有人能够听取别人的意见时,所有的视角就都不存在了。为了以更有建设性的方式接近某一局面,谦虚给我们提供了一个审视自我与对手共同价值观的空间。

在矛盾中找到意义

从原则上说,引起矛盾的另外一个主要原因是矛盾双方都在积极努力地寻求生活的意义。很不幸的是,有时人们断定斗争能够帮助他们实现这种意义。在家庭关系或者商业关系变得混乱不堪时,或者在生活被命运的变故所打乱时,这种观点最有诱惑力。"我再也不能够拥有自己的企业了。现在我都快五十岁了,我再不会拥有足够的剩余资金了。但是我确信我一定要报复那个狗娘养的家伙,他连一点点钱也不借给我。我不在乎他多么富有或者他自以为有多聪明。他对我不友好,也毁了我过体面生活的机会,我打算让每个人都知道他的真面目。""不论我做什么,妈妈从来不以我应受到的尊重来对待我。但我确定不必忍受她为继父找的可怜的借口,她把他塞进了我们的生活。"在那些被数十年的暴力所毁灭的集体里,我也曾有过这类想法。"我家里的每个人不是被杀掉就是被搞得一贫如洗。除非我把他们赶出这个地区,否则不会罢休。直到现在我还不知道该用一生做点什么。不过现在我知道那些蠢猪势必会为这些困苦负责。

我最后告诉你们这就是值得我为之而生,为之而死的斗争。我的故事将会是传奇的题材;我爸爸也完全希望我会如此。"

如果我们希望自己和对手都远离争斗,就要求我们在冲突中找到一条有意义的且又不需要矛盾、愤怒或仇恨的解决方法。如果我们能够自省一下,能够正确面对冲突与矛盾造成的一切,那么在改变我们同别人相处方式的战斗中,就取得了胜利的先机。也只有在没有暴力或者永无休止的冲突的时刻,我们才可能开始寻找全新的途径来找到生活的意义。

人们不愿意采取任何行动,而只是从别人身上意识到矛盾正在毁灭他们的个性和选择,也许这种自欺欺人的做法是人的本性所致,但是远远不能和矛盾的欺骗性相比。我们应该寻找的不是矛盾给别人或者自己造成了什么伤害,而是它为我们和别人带来了什么变化。从有利的角度看问题,我们将会处于一个更佳的角度来逐渐削弱矛盾让人上瘾的特性。

作为人性的一部分,对破坏性矛盾过分地依恋往往会产生悲剧性的后果。我记得有一次采访一个叫史蒂夫的人,他深深地卷入了同另外一个种族的战争,因此他很严肃地谈论起需要暗杀领导人的问题,因为这位领导人打算向另一方妥协。他和我坐在荫凉处利用午餐时间放松的时候,他很巧妙地以试探的方式提出这个话题。他说:"我不知道。不得不对他采取某种措施。也许有人不得不做点什么。"不到一年,那个领导人——伊沙克•拉宾就死了。

史蒂夫所说的话让我感到异常震惊,这正是为什么我们对别人理解得那么不充分,以及那么多的干预纯粹是浪费时间的原因。我们为了避免愤怒情绪,而更喜欢同比较文明的人交谈。但是我们真正需要做的就是在这些珍贵时刻做更深刻的探索,提出更多的问题,且深入地聆听。我们需要尽可能多地探究自身的问题,就像我们需要更多的探讨愤怒,以及为什么我们会迷恋于给自己的问题找到破坏性的解决办法一样。

当我们探讨史蒂夫的信仰时，他那坦率的辩解令我十分震惊。他并不知道如果没有这场战争他会变成什么样子。他已经为民族主义事业贡献了数十年的生命了，而这些时光是无法倒转的，他甚至不知道如果他不能打仗了，是否还有资格成为这个国家的一员。他说："为什么不去美国发财呢？"他所为之战斗的是一个纯种族的国家，一个他完全认同的国家。史蒂夫变成了这个国家，而这个国家也变成了他。如果他的国家走向和平，成为一个平等的、多元化的社会，那么他坚信它就会变成另外一个唯物主义国家，而他将会变成另外一个一贫如洗的资本家，一个没有生活意义，也没有独特身份的资本家。

我不得不控制自己强烈的反感情绪，然后审视史蒂夫，正如他审视自己一样。我相信史蒂夫正踏在寻找意义的旅程上。他一直希望在自己的生活中摆脱唯物主义。他想要的很多，但是他并没有在自己身上，也没有在他的生活方式中发现意义，如果他能够在那里找到意义的话，那么他所谓的意义可能就会更加健康一些。然而，他却从极端民族主义中，从与种族优越论以及集体优越论的极端认同之中发现了不健康的生活意义。

通过与更强大的事物发生联系，我们就可以将意义的寻找过程分解开来，比如对孩子、一个国家、一个大家族，一种宗教的关心与关爱。然而，这种联系常常是带有欺骗性的，因为在史蒂夫的例子中，他希望自己的国家能够成为他所梦想的一个纯种族国家，这只是为了实现他的个人价值。他并不是在寻求内在健康的意义，而是通过社会压迫和暴力发现生活的意义。

许多人坚守着冲突与矛盾不放，好像他们正在坚持等待美好生活的到来。由于矛盾，他们在很大程度上改变了自己的生活和身份，以至于如果没有它，他们竟不知道自己是谁，或者不知道该用自己的一生做点什么。他们已经变成了矛盾本身。

用告别失去的身份作为前进的方式。

如果到目前为止，你仅有一点点地认识，那么进行自我反省和自我定位就毫无不妥之处。如果你赏识一个对手、一个家庭成员或者一个工作伙伴，那么在执行这一步的过程中，你就可以对周围的人产生强大的影响。

在以后的章节中我们会继续考察另外一些可能迷恋于矛盾与冲突的实例，所有步骤合起来都旨在明确无误地给不存在破坏性矛盾的生活提供某种健康的意义。这里有一些最基本的建议，它们都是以自我定位为基础的。

正确面对冲突与矛盾的一把钥匙，是我们需要正视这样一个事实：我们需要珍视身份的每一点变化。有时你可以充分利用环境的突变来创造身份变化，并发现生活意义的源泉。你必须告别曾经失去的身份，而告别过去就是改变原来身份的有效方式。比如，当我为了失去的亲人和老师而告别过去时，还清楚地记得为同他们之间的关系以及我在那些关系基础上培养起来的独立性而哀伤。有时我的全部生活意义都建立在所爱的人的生活基础之上，告别过去标志着一段感情的结束，是一个彻底清除那种旧身份的过程，我们最终会为新的身份的建立铺平道路。它需要好多年，但是只要踏上告别过去之路，一切将变得十分美好。

阿兰·克伦肖是一位善于思考的宗教领袖，北爱尔兰人。他用诚实与正直赢得了名声。2000年，当《1998年和平条约》开始对天主教和新教之间的关系产生积极影响的时候，我接到了阿兰的电话。虽然我们不曾相识，但是他读过我的一本书，这本书有一部分内容是探讨哀悼过去的。阿兰很急切地向我征询一些建议，他问了一个令我惊讶的问题："你能够帮助我为教区的发展指出一条和平且不具有破坏性的告别过去之路吗？我们不知道如果没有了这个（指新教和天主教之间的冲突），我们会怎么样！"

我置身于北爱尔兰和爱尔兰矛盾之外，为其进步的消息感到欢欣鼓舞。我认为每个人都会由于暴力的终结与和平进程的开始而产生一种如释重负之感，但我从未想过和平能引发惋伤之情，然而阿兰却极具洞察力。

我的确写过一本书，书里曾提到过敌对双方需要沉痛地哀悼彼此的死伤人员，这是双方和解的开端。但是在阿兰没有提出这个问题之前，我的确从来没有想到过为了培养一种新身份，人们需要告别过去，而这种身份需要通过寻找充满生活意义的方式来实现。从这种意义上来说，这种方式是全新的。

阿兰意识到某种为过去而哀伤的情绪已经开始在人民中间蔓延，但是他也明智地意识到那种哀伤情绪利弊参半。它可以导致愤怒的强烈表现，也可以使人们建立一种新的身份，发现一种新的意义。至少从某种程度上来说，尽管它需要依靠他的引导或是其他领导人的引导，但是最终还得依赖于大家发自内心的选择。

我们谈到了宗教礼节，以及谈到从哀悼死者过程中学到的经验——歌颂他们的优点，努力使其精神生活提升一个档次，把注意力集中在他们必须生存的理由上。

如果教会中没有像阿兰这样的人该怎么办呢？如果他们不能正视所爱的人已经死去的事实，其他领导人，就像大部分人那样，也许就会让他们继续生活在拒绝接受这个事实的阴影之中。他们敢说在北爱尔兰政治上所有的事情都是一样的，然而现实却悄悄地打破了他们的稳定，扰乱了他们的理智。

假设说，如果没有阿兰的指导，当他们在现实中遇到这样的情况，比如当一位来自于敌对教区的人做了他们的邻居，或者当他们自己的孩子不再和学校里来自于敌对团体的孩子一块儿玩耍时，他们就会极其愤怒地抨击现实。他们或许会用法律作为武器进行反抗，甚至对一些打算去综合学校的孩子加以威胁与打击。在北爱尔兰，一些人的确是这么做的，他们的行为激怒了全世界，

第一章　自省——身份与性格

然而他们并不理解为什么大家会对他们的行为感到义愤填膺。

那些人断然要发动又一次战争，因为他们对新的身份与意义毫无准备。他们不知道自己现在是谁，因为只知道他们在传奇的过去是怎样生活的。他们不曾哀悼死亡人员，也不曾告别以前建立在战争基础上的身份。拒绝过去是一个悲伤的自然过渡时期，但是当他们处于那个阶段时，往往以自我毁灭而告终。

阿兰·克伦肖是个明智之人，我们不得不承认北爱尔兰有像他这样的宗教领导是我们的幸运。他教导我们必须尽可能地、尽早地对矛盾和过去赖以生存的生活方式表达哀悼之情。我们必须积极地告别过去，从而走上一条精神与个人意义的革新之路。

以新的方式进行自我定位

如果我们希望审视自己的精神实质，我们将会遇到另外一个挑战，即不得不正视的事实：有时我们会以别人为陪衬来表现自我，展现自己的风格。在某种情况下这种挑战似乎是不可避免的。这种人际关系会成为我们身份的基础，也会成为我们区分世界上善与恶的方式。例如在六年级的时候，你也许并不确定自己希望做一个什么样的人，也不知道在班里或学校里想要扮演什么角色。但是后来有一天，当你看到两个稍大一点的孩子正在捉弄一个弱小的孩子时，你站到了那两个坏蛋面前，这种行为就成为你身份的一部分。生活中有许多机会让我们用这种方式来为自己定位，当然无论国内还是国外都不缺少罪犯，由于他们的衬托作用，往往使我们认为这个世界是充满罪恶的。由于我们的自我意识是逐渐形成的，所以很容易就利用这种方式来给自己定位。

我们的行为往往能够给自己定位。乔治·W·布什总统在2001年的许多演讲中曾经提到，他不确定应该如何为他这任总统定位，也不确定自己会留下什么遗产，但是恐怖与恐怖主义者——无论为了更好的目标还是更坏的企图——会回答他这个问题。从另一方面说，自我定位是一件需要智谋的事情。如果你用战争来给自己定位，如果战争就是你的遗产，那么采取军事行动很容易成为你解决复杂问题的唯一选择。它往往使你的选择面变窄，从而不能做出正确的选择去做一些最美好、最正确的事情。

看起来在绝大多数情况下，我们需要通过一些事情来做陪衬，从而为自己定位，事实确实是这样的。如果不让自己掉入只会引发长期矛盾的消极自我定位或者毁灭性自我定位的陷阱之中，我们怎样才能够找到解决问题的最佳契合点呢？这个问题一直困扰着我们。有一种普遍的说法是"恨罪，而不是恨有罪的人。"在公元1世纪时，这种说法既能在犹太教中，又能在基督教中找到出处。《新约》引述了这种观点，而在犹太宗教文学中它以故事的形式出现。

麦尔传教士是公元1世纪最杰出、最有影响力的传教士之一。因为沿途传教时他经常被强盗袭击，所以常常向上帝祈祷强盗们应该死去。但是他的妻子——贝鲁丽娅，一个塔木德时期有争议而且很有权威的妇女——经常谴责他的做法。她引用《圣经》里的说法，用这样一种方式来解释它，表达了一种要终止世界上一切罪恶而不是罪恶的人的希望。在接下来的故事中，迈尔传教士就祈祷强盗的罪恶可以停止，果然他们就停止了对他的袭击。

数千年前的宗教故事相当难懂，因此我们可以把它们简单地解释为这是由神干预的神奇个例。但是我认为这个故事一直在教导我们应该从有利于解决矛盾的视角来正视世界上的一些破坏性行为。尽管它阐明的是消除破坏性行为的方式，但是我们也可以把它看作一种深受欢迎的处事之道——不要抛弃人们，甚至包括那些想要以某种方式伤害我们的人们。

让我们重新回到有关自身矛盾的话题上来，这里隐含着的教训就是，假如我们生活中反复出现的问题已构成了我们身份的一个基本组成部分，那么就让我们把这些问题集中在我们所反对和抵制的矛盾本身上面吧，而不要集中在处于矛盾冲突中的人们身上。只有把问题集中在我们抵制的过失上面，我们才能不抛弃与我们冲突的人们，而且还会为转变糟糕的人际关系或者用一种积极的方式帮助别人转变态度敞开大门。例如，如果你对哥哥很生气，因为他如何如何地对待你的父母，那么你要针对他这种行为生气，而不是针对你哥哥本身。你一定要理解他，甚至同情他，但是一定要反对这种不良的行为。用这种方式，你就能够保持自己的身份，并有效地处理矛盾；你就不会因为仇恨而使自己受到丝毫伤害，同时也为你的对手与你改善关系敞开大门。

这里有一些主要建议：让自我学习和自我反省成为你生活中固定的一部分，尤其当你正处于矛盾之中的时候。每周都要拿出一点时间来，把自己想象成一本从未读过的书或一部未看的电影。把你放入自己的人际关系中，观察一下自己，仔仔细细地审视一下自己。

当我们进行艰难的反省时，一定要关爱自己。无论多少种人际关系处于凌乱状态，都不要把所有责任推给自己。无论谁把我们说得一无是处，都不要把气愤深深地藏在心底，因为它会破坏我们的自我意识。即使在仔细审视自己行为的时候，我们也要善待自己。我们一定要享受那些自己所喜欢的东西，尤其是在我们专心于自我反省的时候。我们最好在自己喜欢的环境中反省自己，比如在沙滩上，美丽的山顶上，或者刚好在吃诱人的排骨之前。

当我们深入到自己矛盾的各个细节时，试着用谦逊的眼光来看待它。无论一切看起来有多么清晰，一定要记住，没有人能杰出到纯粹客观地给自己下一个判断的程度，即使习惯于大喊大叫的天才也做不到。我们一定要承认现实中存在这种可能性：我们与对手之间可能存在相当多的共同价值观，而只是我们还没有意识到；即使当我们不能苟同对共同价值观的不同阐释时，我们也能在此基础上建立起良好的人际关系。

我们每周都要抽出一点时间来实现生活的意义。即使我们做不到，但是至少不应该卷入任何破坏性矛盾中。我们需要努力地把生活的意义渐渐地融入到使我们更加愉悦的自我意识之中，这种自我意识不需要矛盾来掺合。

第二章 感知——情感作为冲突和解决冲突的核心

感知：不管这些引起冲突的内心情感是积极的还是消极的，我们都需要仔细辨别和正确面对，然后把它们转化成有利于解决冲突与矛盾的工具。

第二步涵盖深入自我反省的过程，它会帮助我们辨别在生活中引起矛盾或系列矛盾的情感。假如我们现在陷入了痛苦的境地，那么我们最不愿意做的事情恐怕就是提及自己的感情生活和对之进行深入地探讨。也许我们的感受十分强烈，因此我们无法想象更多经历的深切感受会如何帮助我们摆脱困境。这就是许多人陷入矛盾而不能自拔的症结所在。值得注意的是，假如通过与自己最深层次的感受沟通，我们会发现其中情感力量的宝库，而且只要当我们意识到内心生活与外界有着怎样的联系，就能够理解别人（包括那些和我们有冲突的人们）正在经历着什么，从而使矛盾得以化解。

内心的情感不仅包含积极和消极情感，而且还包括复杂混乱的矛盾。如果仅仅因为我们不喜欢某人，那么我们可以走开。但是假如我们对某个人产生爱，同时也产生恨的话，那么最具有破坏性的冲突就产生了。这一章会帮我们把这些矛盾情感加以分类，并提出相应的解决方法。

为了便于讨论，我们先举一个例子。假设老板把我们的课题给了一位年轻同事，而这个课题正是我们热衷于研究的。我们确实不知道他这么做的真正用意，因此很自然就会心生疑忌。也许此刻我们最不愿意做的事情就是探究自己受伤的感情。虽然承认受辱的感觉更像是一次重大失败，然而第二天我们毕竟还得起床、上班。通过自我反省，我们可能对就会那个课题少些依恋，就会多想一想自己。也许接受这个课题的同事的年龄使我们感到懊恼，因为我们在不断变老却不能心平气和地接受这个事实。也许实际上这个课题有许多方面使我们感觉不是很顺手，我们也正在期待着新的开始。又或许，我们只是在这场关于课题的利益之争中输了，而这几乎是每个人随时都会遇到的。

只要认真思考我们的感受，我们就能够发现许多有趣的见解，找到全新的处理方式。但是假设我们决心咽下伤痛，在工作中忘记整件事情时，第二天有一位同事却（我们把他当作朋友）提到这个课题，并说，"下次会有更好的运气"的时候。会有更好的运气？他以为自己是哪根葱啊？我们所谓的朋友又唤回了自己所忽略的那些感受：失去的课题，我们耗费了两年的精力以及整个肮脏的事件。我们会苦笑着，一脸难堪的走开，还是气呼呼地大步走开？又或者继续恶化我们之间的关系，大骂一句"去他妈的！"这是一个发泄不满情绪的绝佳时机，因为我们的朋友一定会感到一头雾水，不明白我们为什么会那么说话，也不明白这些话是从哪里冒出来的。他想做的只是尽力表达一些同情。但由于我们没有时间去思考这些，再加上所有的挑战，我们的处境就会更加艰难。

每个人都有抵制破坏性情感（比如愤怒或嫉妒）的倾向。但由于我们所接受的教育的原因，我们很难接受这些情感。然而正

第二章 感知——情感作为冲突和解决矛盾的核心

是由于我们总是否认这些破坏性情感的存在，才导致他们长期存在。在解决集体矛盾与全球性冲突时，同样如此。无论调解个人的矛盾还是全球性的冲突，打算调解矛盾的人都不应该把情感当成敌人，当成被压抑、控制或清除的对象，而应视之为一位未来的盟友。

通过了解自身的感受，我们能够从更深层面上了解引发冲突的缘由和影响我们生命意义的焦点问题。卓越的心理学家都明白基本情感是一个非常重要的因素，它是通往心灵的一扇窗口，因此也是探索解决矛盾与冲突的途径的黄金契合点。但是许多律师和外交官却认为在解决人类问题的宴席上，情感不能占有一席之地。而我恰恰认为从解决个人冲突到全球性的冲突，感知是解决所有人类冲突的第一步也是最根本的一步。而这一步所引发的反响在接下来的步骤中会涉及到。

面对矛盾性情感

为了在已经扩大了的矛盾中生存，我们往往不得不把许多已经埋藏起来的积极情感抛弃掉。我们感觉好像再也不爱曾经伤害过自己的朋友或妻子了。比方说，为了达到憎恨他们的目的，我们只会一味怨恨他们而从来不会自责，这是避免再次受伤害的最基本的防御本能。因为那些混乱的处境使我们不知所措，这种本能帮助我们把那些混乱处境归置得有条有理。在愤怒的时刻，在冲突激烈之时，我们头脑中就好比有一个法庭，我们和对手在那里展开交锋。我们最不能做的事情就是提及一些关于其他人或组织的正面事情。在我们的思想中，我们是起诉人、法官和陪审团。我们对任何一种对他人或组织有利的积极情感都立即保持沉默。这其实与我们的诚实毫无关系。

如果我们将糟糕的情感关闭起来而不去正视它们，既不对健康的情感无益，而且我们还会同时将一些积极的情感关闭起来，比如爱、浪漫、关心、同情、尊重、宽容、感激、谅解和耐心等等。这些积极的情感都是同竞争对手恢复关系、缓解矛盾或建立新的关系的基本因素。健康的情感是指那些我们所期望的情感，但是要想真正从深层次上解决冲突，我们最终还得希望它们是从对手的身上激发出来的。

职业冲突调解人员有时会羞于援用情感的力量，他们坚信只有在不搀杂感情时，解决冲突才能达到"理性"的效果。这也许会在一些简单矛盾中发挥作用。但是在最复杂、持久的冲突中，它只是为谈判、打破僵局和弥补破裂的人际关系开的一道表面处方。通过二者的对比，我们不但会了解在艰难的人际关系中积极情感的作用，而且也会了解到消极情感的作用，二者总是搀杂在一起的；这种认识将会有助于我们提取积极的情感，并且建立、培养这些情感。

电影《奇恋》中所反映的人际关系给我留下了深刻的印象。帕尔特罗是影片中的一位年轻寡妇。在一次飞机失事中她失去了丈夫。她的丈夫本来没想乘那班飞机，但是阿弗莱克正好在机场酒吧遇到了他，同他交换了机票。阿弗莱克和一个航班的职员有点关系，他帮助阿弗莱克和帕尔特罗的丈夫交换了机票。阿弗莱克本想多呆一晚上，因为他与一位空姐有一段浪漫的感情故事。然而由于飞机坠毁而产生的复杂感情使他很难过，他的内心一直在做着斗争。一方面他庆幸自己还活着，另一方面又陷入了深深地内疚之中。

阿弗莱克见到了帕尔特罗，他被已经变成寡妇的帕尔特罗迷住了。他从来没有对她说过一句关于她死去的丈夫的话。他想与她坦诚以对，但总有什么东西阻碍着他。他深深地爱上了帕尔特罗，帕尔特罗也深深地爱上了他。他们维持着这种关系，但每次都无法说出口。他一直活在一种幻想中，希望自己既可以代替她丈夫来安慰帕尔特罗，同时又可以正视自己从前空虚的生活。

帕尔特罗的角色更加简单，更加直截了当。一个悲伤的妻子，她恨那个对她感到歉疚的人。但事实上她又是一位孤独的、很容易受伤的女人。从另一方面来说，阿弗莱克在处理整个复杂情感时做了一系列具有破坏性的事情——他隐瞒了重要的事实真相。他爱帕尔特罗，所以假如她发现事实真相的话，他就不敢面对她的愤怒。他的谎言越说越大，也越发具有破坏性。戏剧性的一幕产生了，按照阿弗莱克的性格，他是一位只有等待危机发生才能迫使他做出决定的人。我不会破坏故事的结局，否则会让那些还未看到此影片的人们感到索然无味。尽管《奇恋》的结局是好莱坞式的，但是真正的生活会更加具有风险性。

对于阿弗莱克这个人物来说，更好的方法还是反省一下他的感情——拥有对帕尔特罗的爱，同时对她丈夫的死及自己置身其中所感到的深恶痛绝。他以爱情作赌注而否认自己内心复杂的情感斗争，结果却深深地伤害了这位痛苦的寡妇。在这一点上，许多妇女都不会站在他这一边。所以说感知这一步旨在教人避免许多悲剧性行为，这些行为往往是由于一些未经思考的复杂情感所造成的。

实际上，编剧们假设我们当中大多数人都像电影中的阿弗莱克一样生活着。这一刻我们处于生活中的这种关系，而下一刻我们就会处于另一种关系中了。我们总是这样混混沌沌地摇摆不定，总是希望所有莫名其妙的事物会把我们固定下来，总是模模糊糊地希望自己的矛盾情感会以某种方式得到解决。对于人际关系来说，这种无意识的生活方式是十分危险的。在我们并不清楚自己的真实感受时，我们有时会这样行动，有时又会那样行动。根据处境来选取有益的和有建设性的情感，然后在此基础上培养它们，从而建立起越来越清晰的人际关系，这会更加富有建设意义。

挽救人际关系的积极情感

伊萨克和阿莫德一直致力于改善以色列阿拉伯人和犹太人之

间的关系。在这项艰难的事业中，他们是搭档。我曾暗暗地观察过他们的工作状况，也曾经参与进去。我建议他们应该扩大支持根基，我也尽我所能宣传他们的工作，因为我有这种特权。尽管矛盾的双方存在无法弥补的敌意和超乎寻常的不满，但他们俩一心渴望能在两个团体间建立起融洽的关系。这两个人有相似的个性，在和你打招呼时，都会满怀爱意地注视着你的眼睛；一见到你，就能使你感到很受尊重，深受欢迎。

一天晚上，他们将计划付诸于行动，邀请了40个人来到一个欢乐的场合——也就是在阿莫德的家里，一些权贵也参加了这次聚会。所有的人，不论男女，都代表了不同的宗教及教育背景。这个晚上的活动由两部分组成：一是在客厅，大家都聚在那儿交谈，做祷告，畅想未来；另一部分是大型的欢乐晚餐。

在那种场合，人们通常总会聊起一些美好的事情。然而，一位说来也算是附近城镇上最年长的绅士开始讲话，他的声调极其悲痛。他谈及了其教区是如何被破坏的，并对这次所有谈话的实用性提出了质疑。我对他所说的很感兴趣，其他人也开始变得激动起来。但是我们都在倾听他说话，没有一个人打断他。

这位老人列举出了许多冤屈的事情，所有这些都是合情合理的。当然另一方的冤屈也有许多合情合理之处。往往这种谈话在不同的情况下会引起激烈的争论、间断，甚至互相大喊大叫——但是类似的事情在这儿却没有发生。为什么呢？我自己在暗自捉摸。毫无疑问大家受到了伊萨克和阿莫德以及其余几个筹划这个晚会的人们的影响。他们没有必要为老人的独白感到激动，因为它并不适合当天晚会的精神。但是老人的独白确实使这个夜晚与我们必须正视的无情现实发生了直接联系。

让这位老人、我以及在座的各位所感动的是这个晚上相互坦诚的气氛。如果让人感觉受到尊敬、受到欢迎和重视，那么从情感意义上讲，他非常有可能觉得自己很大度；而精神上的大度在解决冲突时是至关重要的。尽管这位老人违背了这次聚会的精神，但这是可以控制的，甚至是很重要的，因为在这种气氛中，活跃的积极情感是不可抗拒的。从被护送到家一直到离开后的6小时内，这些情感一直控制着我。

那次相遇时，温暖、欢迎、热情、宽容和尊重等情感使两个教区的人避免了习以为常的相互辱骂。伊萨克和阿莫德不得不从事这项工作，他们自己可以很自然地运用这些情感，但是处在并不理想的环境中的其他人要做到这个地步就不那么容易了。从事这种工作，人们通常需要不断地磨练，需要有很强的使命感，特别是需要坚强的意志和心理。

一些伊萨克和阿莫德的朋友尤其喜欢用快乐和幽默来打破阻隔他们与别人之间的障碍。我一直对这些人的能力感到吃惊，无论处境有多么糟糕，当把人们聚集起来并问候他们的时候，这些人总能创造积极的情感。对他们来说，隐藏在快乐与幽默之下的情感就是勇气。在冲突时融入幽默，表达感情和尊敬我们的对手都需要极大的勇气。

一些人也许将会说他们在回避矛盾，且过于关注人际关系中那些幽默和笑话，因此他们回避了那些难以解决的问题。然而这是不正确的，他们所做的就是通过让每个人做好倾听的心理准备而为解决那些问题创造条件。这就是为什么大家都在聆听那位老人讲话而没有跟着起哄的原因。

确实有一些人经常进行一些礼貌性的对话，不痛不痒地敷衍一些重要问题。多少年来，这些毫无意义的对话既没有使一些重要问题发生根本变化，也没有使国际环境发生重大变化。可是也有许多置身于矛盾之中的人，他们懂得如何明智地运用对话。在敌对双方会晤时，他们采取有改善作用的举措；在自身和他人之间建立起一种积极的情感，虽然这些措施实行起来比较艰难，但是它们却让整个事件通向了完全不同的、更加美好的现实。

在伊萨克和阿莫德手里，在那种会面中他们所创造的积极情感会自然地融入设想的解决步骤中去，我们随后会对此进行论述。当我们同他人一起分享我们的希望与梦想时，当我们耐心地倾听他人说话时，对于他人来说都是受欢迎的标志。这是一种关系亲密的表现。所以让解决问题的艰难谈话以更好的方式继续下去。

我记起一个小小的插曲，那时其中一个更令人吃惊的朋友贾比正与另一个团体一起工作着。尽管谈话中充满了欢声笑语，弥漫着友好的气氛，一些难题还是如期而至了。在谈话进行了一段时间以后，一些看似根本不可能解决的分歧使谈话有了一次间断。然后，贾比面带微笑地说"朋友们，看起来我们有许多工作要做，但我知道我们能做到。"这种富有感染力的乐观精神意味着他相当地自信，坚信这些朋友们能开辟出一条双方共存的道路。

没有信任和尊重是不会有妥协的，认真聆听、彼此认可以及相互尊敬是建立信任与尊重的关键。而唯一的风险就是，如果在其他步骤中没有发展那种移情作用来改善关系，并且改变任何不平等条件，那么那种会谈所产生的积极情感只能是在表面上使人感觉良好而已。但是这些人的目标远远不止双方在表面上达成和解。友谊和奉献已经深入每一位矛盾与冲突解决工作者的心里，并且已经传达给任何一位信奉明天会更加美好的人们，也传达给了那些长期致力于建立一个更加美好的社会的人们。

积极情感的转换性力量

还有一些其他的积极情感在解决冲突的过程中发挥着关键作用。赛斯拥有巨额财富，是俄亥俄州一个小镇里的商人，还是一个社团的组织者。他总有神奇的方法使周围的每个人感觉很舒适。据我观察，真心的欣赏每个人的长处已经成为赛斯的终身习惯，他总能发现他人身上最棒的地方。这就是为什么有那么多人来向赛斯征询建议的原因，每个人都想让赛斯在纠纷中站在他那一边。

但这也让他在人际关系方面遇到了许多挑战。比如最近小镇上突然发生了一场大纠纷。在关于谁对谁错的问题上，他坚持自己的观点。但是，无论他选择哪一方，作为一个调解者他都会承受很大的压力，现在他最关心的是怎样处理这种压力。我建议赛斯最好认真地反思一下自己，承认他自己对于这个团体已经相当重要，甚至远比他意识到的还要重要。

最近赛斯宣布了一些解决矛盾的指导方针，这是他从一本关于社团组织的小册子上学到的。但是他却一直躲在这些方针背后，从来不坚持自己的力量是最伟大的，这也是他的性格使然。在一定程度上说，因为自己缺乏自信或者总是高估别人，赛斯也受尽苦恼。就他而言，人际关系逐步改善的最好方法是要自己完全掌控人际关系的发展状况，依靠自己超常的能力让人们感到自己很受赏识，并且对于这个团体来说是非常重要的一分子。这虽然不会立刻解决社团所面临的更大分歧，但是它会巩固赛斯的人际关系以及他已经建立起来的信任。这样一来，每个希望避免帮派纠纷但是被迫卷入矛盾的人都会把他放在重要位置，希望从他那里得到帮助。

赛斯还可以从"这些疯狂的人们"中全身而退，使自己完全保持中立。这确实是一种诱人的选择，这种做法能使人们在帮派之争中游刃有余。如果我处在他的位置，我会理所当然地这么做。不过，这样就不会对赛斯培养自身的情感力量和技能有所裨益，更不会对这个团体有所帮助。

从卡特琳娜身上我看到了同样的处境，她在一个非常有名的机构工作，也是一位天才考古学家。因为卡特琳娜在该领域作出的重大成就，她在很年轻的时候就声名卓著了。她被寄予厚望，并且她一直凭借着自己的力量积极探索着。

卡特琳娜必须得面对周围人的性格局限，尽管他们有很多建树，但往往由于缺乏影响力而感到失意。这种缺陷往往归因于性格不佳而不是专业才能，使得他们的同事绝对不会喜欢他们，也不会信任他们。相反地，卡特琳娜却赢得了所有人的爱戴，包括学生、基金会管理人员还有学校的管理者们。但是这也使她陷入了艰难的处境，正是这些使她倍受人们爱戴的特点却成了一些年长同事嫉妒的目标。

这种矛盾并不只发生在工作单位，在家庭等级秩序中也非常普遍。由于哥哥姐姐较早来到这个世界上，家庭情况也在不断发展，兄长们可能没有掌握年轻兄弟们所拥有的技能，这样一来，那些使年轻人得到别人喜爱的特点恰恰就成了哥哥姐姐们所嫉妒的对象。

如果从感情上处理这种嫉妒，情况就太过复杂了。我们不想否认自己的优点，也不想使之减少，但是我们确实想尽可能完美的处理这种矛盾，决不允许这些消极的东西像滚雪球一样越来越大。卡特琳娜是通过与同事们都保持一种微妙的关系来实现这一点的。对她来说，这是一种情感方面的锻炼，是一种建立自信的方式，也是建立自我关怀空间的方式。

最终，卡特琳娜创建了一个人际关系框架，我称它为可渗透疆界。无论她的同事多么难以相处，她总是运用一些玩笑积极地和别人打交道。另一方面，在自己的工作中，她有明确的界限，清楚什么可以干，什么不可以干，因此她总能高效率地完成工作。但是她也不会为了与嫉妒她的同事和平共处而屈服让步，她有一些相当坚固的界限以防止那些同事们的小气行为使她感到沮丧，或者妨碍她的工作。同时她又使这些界限显得礼貌而友好，更重要的是还能使这些界限还能保持可渗透性。无论以前发生过什么，她总是向那些想与她合作或者积极同她发展友好关系的同事们敞开着大门。

由于她认可了自我空间和可渗透性疆界，在与许多仰慕者共享的空间内，作为专业人士的她，成果接连而出。同时，因为她

第二章 感知——情感作为冲突和解决矛盾的核心

一直敞开着大门欢迎那些难以相处的熟人和专业人士,所以和他们建立了一种新的学友兼合作的关系。

我敢说如果把卡特琳娜换作一个努力想战胜所有嫉妒她的人,那么她越是努力想战胜他们,她越会有更多的策略不能奏效。事实上,如果她不能理解嫉妒只是别人的一种正常反应,那么她也一定会侵犯那些原本就怨恨她的同事的空间。她本来想利用善良来扼杀这些嫉妒,然而却引发了更加强烈的敌意。有时最好的办法是让我们自己为改善人际关系发挥影响,但是不要把自己的影响强加在别人身上。弄清楚别人何时需要我们的建议,何时我们的建议会侵犯他人隐私,这些都需要智慧和试验。显然卡特琳娜十分明智,这就是为什么那些与她合作的大多数同事会羡慕和关心她。

最后,我想强调一下在感情紧张状态下无条件关心的情感力量。毛里斯是一位名不见经传的小儿外科医生。他虽然专业技术精湛,但却不以医疗方法创新而见长。他的办公室总是不断有世界各地的病人涌入。毛里斯不仅在外科方面技艺精湛,在处理病人的感情方面也非常专业。有一天,我看到他和孩子们及其父母一起交流。使我惊讶的是毛利斯的多数评论和医生的职业技能无关,却和怎样使孩子感到舒适有关。他抱起一个孩子,我甚至看到他给这个孩子换尿布,并指导家长怎样做才能使换尿布所引起的不适降到最低的程度。很显然,他绝对是喜爱孩子的。相比之下,家长们却忧虑重重,而这种情况往往会引起冲突。但即使在那样紧张的气氛里,毛里斯也能够完全让人放下戒备之心。这使得孩子们在他的面前很放松,家长们也一样。这正是在非常时刻他送给他们的最好礼物。

不论作为医生还是调解者,还是一位预防冲突的战略家,毛里斯都表现得相当明智。不可能有比孩子感觉不适时引起的冲突更具破坏性的了。绝对关心能够在潜在的矛盾中注入最有力量的积极情感，这是他给我们上的最生动的一课。我也看到过其他儿科专家给孩子看病时所表现出的非常关心和愉悦的神情，这使得我们在他们面前表现得很放松，都能够冷静下来，专心做出一些重要选择。

在某些矛盾中，如果我们表现出关心就十分不合时宜，但一旦哪里需要，我们就应该及时采用这种方法。

平衡情感

我们需要特别注意施加在自己和别人身上的情感力量的限度。我们也许太具攻击性或者攻击性不够强大，也许太过自大或者不够自信，也许过于天真或者缺乏热情。我们必须验证一下自身所有的性格特征和情感，弄清楚它们当前是以有益的方式还是有害的方式发挥作用，因为各种过度的情感都会使交往中断，并且引发冲突。

一旦性格中的任何情感极限得到确认，我们就应该努力使它们保持平衡。而这种平衡是在过去2500年间，人类文化历史上，许多最伟大的哲学家，从亚里士多德到孔子，以及他们千千万万个学生追求的共同目标。在现代社会，有一些情感极限需要引起我们的注意。

- 过度的情感需要在任何条件下占有上风，它的对立面就是害怕成功。为了避免在成功的道路上受到情感羁绊，我们可能会破坏良好的环境或人际关系——甚至我们都意识到自己正在这么做。这个特点很难发觉，它往往需要我们进行严格地自我反省。经过平衡的视角就是：自己成功时，一定要感到自信，同时也对别人的成功表示欢迎并给与鼓励。

- 我们存在寻找一位对手的需要，或者走向另一个极端的需要，但是我们缺乏面对对手的勇气。这种对立倾向把许多国家分化为众多政治阵营，二者之间没有中间地带。

- 自大决不允许接受任何可能性的错误，而与之相对的是过分谦虚和自责。过分谦虚和自责是指过分的责备自己，以至于达到避免采取任何一种同他人改善关系的方法的程度。经过平衡的视角是：用足够的谦虚给他人创造空间，也给自己的缺点留出空间，但是我们要有足够的自信来正视艰难的人际关系。这对许多家庭的现状都非常实用，成年人要诚实地对待那些涉及父母方面的感情。

- 我们都有希望自己能够与众不同的需要，也都有希望自己比任何人优秀的需要。这种需要的具体表现就是自以为公正、不与别人同流合污。与之相对的是由于我们急需被大家认同，以至于我们埋没了良心，或者自认为自己的所作所为正确无误，宁愿孤独也不愿意同他人妥协。平衡的方法就是把人类合理的社会认同的需要同希望自己是独一无二、与众不同的情感需要结合起来。典型的例子就是那些需要表现独立性的青少年们。但是也有例子说明有些孩子对缺点保守，并且感觉到不安全。他们同父母产生重大分歧，而且认为自己的父母蛮横无礼、蔑视社会的发展，这常常让人感到尴尬。

- 如果我们表现得十分冷淡或者保持情感距离，就常会误解合作伙伴和家庭成员，尤其是从不同的视角看问题时，误解会更深。同时，过度情感会使我们在矛盾与冲突中对某人产生过分依恋（比如说，对子女的过分依恋）。一个普通的例子就是家长和老师之间的关系。家长必须支持他们的孩子，还要通过尊重老师的权威性和专业观点（这和教师的学术活动和课堂行为等问题有关）来树立良好的榜样。这里存在着两种极端，一是对孩子在学校里遇到的挑战漠不关心；二是心疼孩子所受的伤痛以致于猛烈抨击老师，给孩子树立了反面榜样。

- 如果一个人坦率到一定程度，别人就不能区别他的批评具有建设性还是破坏性。相反，如果我们仅仅为了解决矛盾而把幽默伪装起来或者进行赤裸裸地欺骗,这同样会阻碍每一种信任关系的发展。在艰难的处境中,我们只有通过培养诚信来积极、热情地与人交往,才可能找到平衡情感的方法。

一些人曾经学习过怎样通过保持冷静和克制来处理生活中的一些难题。他们并不急于去解决冲突,即使同一些重要人物之间发生了冲突,也表现出满不在乎的样子。此时,似乎格外不合时宜的漠不关心成了他们所表现的主要特征。反之,强烈的情感会让人无法反思自身的矛盾,无法耐心去听取别人的意见。

我所熟悉的一个家庭花了好几年的时间去努力帮助一个不服管教的孩子。事实上,这个孩子似乎从来没有积极主动地和其他家庭成员交流过。表面上他做一些他们期望的事情来取悦他们,但是却从来没有考虑过自己的问题。这个儿子既没有什么特别的兴趣,也没有什么奋斗目标,大多数时间内都在沮丧的状态中彷徨。年轻人往往会度过一个憧憬自己将来从事何种职业的时期。但是这个男孩在很长时间内都迷失在这个过程之中,而且看起来很不开心。他宁愿躲藏在情感距离的身后,也不愿意面对他的父母,尽管强烈的情感告诉他自己,他的生活方式应该受到控制。在这个案例中,孩子如何表达自己的某些感情是十分关键的。他需要明白,改善自己的人际关系和身份要远远胜过于保持冷漠。也许如果他不保持冷漠,就会对所爱的父母讲出难听的话来。但是无论如何,对于他和父母来说,改善双方关系的动力已变成昂贵的奢侈品了。有时候,混乱的情感交流和消极情感都能缓解冻结的人际关系或改变身份。

我们希望达到的情感平衡是指我们需要利用积极情感来同别人和解,同时也要做好应付消极情感的准备。这些消极的情感包括恐惧、愤怒、嫉妒、挫折感及悔恨,它们是在解决难题时产生的。这些消极情感和其他一些极端情感在不同的时间内和某些特定条件下必然会很自然地产生,但是一般来说,我们的感情需要一种不变的平衡原则。人的生命历程好比过山车,我们需要在跌宕起伏的感情变化中建立信任,需要勇气使已经枯萎的感情活跃起来,而不是让自己永远躲在伪装的冷漠的盔甲里面。我们要相信,尽管消极的情感力量在生活中发挥着一定影响,但是我们仍然还有一个积极情感的宝库,只要能够使之保持平衡,它就会帮助我们解决冲突,甚至能够在第一时间预防破坏性冲突的发生。如果我们意识到自己需要这种平衡,那么我们就已经在这场战斗中拥有了一半的胜算。

治愈心灵的情感

最后是一个有关我个人人际关系的故事,虽然有时我会对此恼怒万分,但是它也让我明白了一个道理,那就是在解决矛盾时,情感所发挥的作用是至关重要的。如果这种掺杂着复杂感情的伙伴关系能够继续存在的话,那么许多其他类型的人际关系也就有了改善的希望。

在过去的40年中,莱安一直在不知疲倦地为改善与敌对团体之间的关系而工作着。他那种在对手间迅速创造交往关系的方式立刻引起了我的兴趣——那是星际式的、富有勇气的方式。我们曾经在一个国际组织共事,数十年来,这个组织专门致力于发展战争组织成员彼此之间的友谊。在这十年多的时间里,他和我定期到世界各地旅行,其中以色列和巴勒斯坦的双边关系是我们解决冲突工作的重要组成部分。有时在探讨中东问题时应采取哪种政治策略以及判断谁是暴力持续不断的罪魁祸首的问题上,我们的观点不尽相同。在很多艰难处境中,我们俩就采取何种措施的问题上产生了激烈的冲突。不过最终事实证明这种冲突是基于我们过去的情感,而非当时所面临的问题。

我记得有一次我们俩一起旅行。作为一个二人小组,我们在整个中东地区来来回回参加了一系列具有挑战性的会议。每次会议产生的效果都很显著，但是却十分耗费精力，因为我们不得不应付不断变换的住宿地点和旅行安排之类的事情。在国外闯荡总需要圆滑地处理各种事情，但是蕴含着巨大冲突和暴力频发的环境会造成严重的精神紧张，至少我是这样的。

我们会因为一些极其愚蠢的问题而向对方发脾气，而且脾气越发越大，但是这毫无意义，因为回到家我们还是好朋友。某种程度上这种极端的情感正在妨碍着我们的工作，但是当我细心感受这些情感并且研究它们时，我开始意识到这种斗争似乎也是我们冒险行程的一部分。我们都是易动感情的男子汉，而且我们的意志相当坚定，但是这并不能解释那些偶尔突然发怒的深层原因。我实在无法理解我们的行为。

研究冲突的人们最终会意识到：如果人们保持完全中立不是不可能的话，至少也是极为困难的。人人都有偏见，这种偏见会使我们在任何冲突中偏袒其中一方。我记得有一天晚上，我们在约旦河西岸旅行，这里是巴勒斯坦人统治的地方。当时确实是一个相对和平的时期，但是仍然不时地会有一些犹太平民被绑架或在恐怖袭击中丧生。尽管如此，我们仍然在那里拜访巴勒斯坦人民，一方面是因为我们两个人都希望追求友谊，都希望表达我们对他们生活状况的关心，另一方面发展双边友好关系也正是我们的重要工作方法。

那天晚上，天黑漆漆的，道路崎岖而迷乱，几乎没有路灯。我们在寻找某个人的家时迷路了，当汽车越过边界到达约旦河西岸的时候，我马上兴奋起来，同时我也保持着高度的警惕。在这种环境中我们夜间行车太过危险了，只是当我意识到这些时为时已晚。我确信那天晚上我们处于极度危险之中。毫无疑问，这种感受源于夜的黑暗和对这个地方陌生的感觉。

作为朋友，我必须强调他是一位优秀的驾驶员。虽然是莱安开车，可紧张的感觉仍然不能消除。此时我为自己还能在家乡走而感到十分惊讶。从另一方面说，莱安开的太快了。我不知道还有什么事情能够使我的血压升得比那天晚上还要高。事实上，我们在一个有潜在敌意的地区迷路了，或者说我们在莱安的驾驶途中就迷路了。

莱安把车靠到一边儿，打算向小亭子里的那些年轻人打听方向。尽管我勾勒不出他们的脸型，但是我还依稀记得那些黑黢黢的轮廓。他们是一群巴勒斯坦年轻人，我唯一想到的就是他们的平均年龄大概与那些实行自杀性爆炸事件的志愿者的年龄相当。我非常紧张，对莱安说，"我认为这不是个好主意。"他用经典的方式回答："为什么不，他们看起来像好人。"当莱安打听了方向之后，我们又继续前进。这时，虽然我呆在车里，但是因为害怕，我的衣服都被汗水浸透了。

那次访问没有产生任何效果。随后我告诉莱安我再也不希望和他一起工作了，他的表现简直没有职业水准。这些话非常重，指责也十分尖锐，却是可以理解的。莱安也非常生气，他指责我对巴勒斯坦人抱有一种不职业的偏见，而且想暗中破坏他的和平工作。

一天以后，我意识到与莱安的合作关系以及这个小组的工作能力比在西岸的行程中发生的任何事情都更为重要。我开始检讨自己的行为，并且意识到某种程度上我已经被极端情感所影响了。作为一位犹太牧师，我在没有人保护的情况下就穿越约旦河西岸，我的紧张当然合情合理。但是当我们迷路时，我没有任何理由谴责莱安在打听方向时表现出的非职业性行为。我们完全处于不同的情绪状态，而这种状态影响了我们对这个合理计划的思考结果。

幸运的是，后来我和莱安说，我们是否可以真诚地谈谈我们的感受。我解释了我的恐惧，努力向他表明对我来说，在黑夜里旅行是何等的令我恐惧，而且还是在同我一样的犹太宗教人士曾经被绑架和谋杀的地方迷路了。我解释道，许多袭击以色列人的恐怖分子在被捕时看起来都很像十分善良的普通人，或者在自杀性袭击以后，研究人员在试图了解他们的行为动机时，发现的结果也是如此。莱安需要听我反复解释，因为他对这种心理很是陌生。令我感到奇怪的是，我对他解释的越多，就越理解当时自己的感受，结果莱安原谅了我的冲动。除此之外，他也更加理解在穿越巴勒斯坦地区时我所面临的问题了。同时，我也意识到自己对他的攻击是很不公平的。

故事的结局很具有讽刺意味。在另一个情况完全不同的夜晚，天也特别黑，而且还充满着不祥的气氛，莱安和我驶向偏远的哈西德教派聚集区。这个教派极端保守，从东欧来的教众都穿着清一色的黑色服装。在那里，我拜访了一个小教派。在不久之前，我的前辈们还和他们保持着密切的关系。对我来说，这是一次有意义的、令人动情的团聚。除此之外，我还将之当作一次探究以色列人关于战争与和平看法的机会。

当我回想这件事情时，我意识到莱安并不情愿去那个地方，尽管他什么也没有对我说。我们下了车，莱安意外地把钥匙锁在了里面。我已经预约了人家，所以必须得进去，而他就留在车旁等待汽车租赁公司来帮忙。

大约就在那时，哈西德教众们正聚集在汽车停放点附近的大厅里做夜间祷告。一个哈西德人走近莱安，并示意他进去。尽管外面很冷，他还是拒绝了。最终莱安意识到那个哈西德人只是想请他喝杯茶。

后来莱安和我讲述这个故事的时候，我发现他显然被那些哈西德人吓坏了。他讲了好多话，大概意思是说他并不知道这些人会对他这个非犹太人做些什么。现在无论你说极端保守的哈西德人些什么，也一定不会说他们会四处攻击非犹太人了。当然他们其中也有一些暴徒，曾攻击过犹太人安昔日的破坏者，也曾攻击过衣着单薄的犹太妇女，但是一般来说，他们不会骚扰非犹太人。

后来莱安向我承认，当我们同极端保守的犹太人会面时，他有一种被疏远的感觉，他感觉到那些信念坚定的人们把他当作非犹太人而区别对待，并且他们的黑衣服是怎样使他感到非常的烦躁不安；会堂外面车子旁边的那位极端保守的犹太人之所以特意来说服莱安进去喝茶，仅仅是为了向陌生人表示同情而已。

莱安和我都知道，冲突中的情感因素影响着我们的判断，而且这种影响十分强烈，但是我们也意识到正是这些情感纽带把我们联系在一起。这么多年以来，在任何情况下我们都保持着朋友加同志式的融洽关系。我们经常提醒对方，情感是我们所培养的人际关系的核心，虽然有时它们会出现问题，有时又能够缓和，不过最终看来，如果人际关系不以情感为中心，它是不会有真正改善的。

第三章 了解——了解矛盾与冲突

　　了解：就是通过了解其他矛盾来超越问题的界限，从这种知识中汲取普遍的经验教训，从而懂得怎样做会造成伤害，怎样做才能解决矛盾。

　　人类交往能力的最大优势之一，就是我们可以从日常生活中处理矛盾的集体实践和智慧中学到很多经验。如果我们仅仅通过自己的经验和感情来处理矛盾而忽视了它们给别人所带来的影响，那么我们就会扭曲对事态变化的认识。这种自私的视角会把我们与需要解决自身问题的反馈信息隔绝开来。早在我们之前，许多人就已经踏上了解决冲突的征程。他们的事迹在经典书籍、宗教名著、电影中多有反映，在朋友、长者的经验中也可以发现它们的踪迹。了解他们及其处理冲突的经验是我们认识自己的关键。

　　真正伟大的艺术会带领我们踏上自我发现之路。在罗伯特·里德福特的一部值得纪念的电影《马语者》中就记述了这种历程。里德福特扮演了一位以驯马和为马治病而出名的牛仔。他饰演的角色叫汤姆·布克，是一位能驯服烈马的人。布克和他姐姐一家住

和解的艺术

在蒙大拿一个风景秀丽的大农场里。他是一个中年男子，离过婚，但是没有孩子。并且他是一位孤独却极有天赋又十分自信的人。

与布克完全对立的是马科林一家。他们来自纽约，一直被生活的压力困扰着。他们的女儿格拉斯，是由亮丽的斯嘉丽·乔安森扮演的。在她们骑马途中发生了一次可怕的事故，她最亲密的朋友身亡了，马也受了重伤并且因此而精神失常，她自己也在事故中失去了一只脚。格拉斯的创伤非常严重，谁也不清楚她能否从阴影中冲出来。这部电影探讨了在精神创伤中生存下来的马科林一家必须认真对待的许多问题。格拉斯必须考虑她的未来，而作为一个妻子和女儿的母亲，安妮也必须决定自己应该怎样做。这位父亲则隐藏在幕后，耐心地观察妻子和女儿的思考过程。

格拉斯的妈妈——安妮，由克里斯丁·斯哥特·托马斯饰演，是一位非常典型的城市居民。她是一位经常被焦虑折磨着但是仍努力经营事业的职业经理人。尽管她深深的爱着自己的女儿，但是她和家人的交流却从来不怎么有效。安妮的意志像钢铁一样坚定，并且认为只有汤姆·布克在给马治疗的同时才能够在感情上拯救她的女儿，所以她带着女儿和马横穿整个国家，踏上拜访布克的旅程。

布克的特殊才能在于他能够通过实际听到和看到的东西来判断动物和人的深层需求，然而马科林家的人却很难从根本上认识他们自己。布克了解自己的需要，同时也了解自己的弱点，那就是他为什么很难处理女儿——母亲——马三者之间亲密关系的原因。他极不情愿地答应帮助那个家庭摆脱那些易使女儿受伤、发怒的情感。从那时起，整个故事因为每个人的情感波动而变得异常复杂，电影的戏剧性也随之产生了。

这个故事探讨了很多主题：对孩子的爱，紧扣父母之心的、令人精疲力竭的恐惧，这种恐惧对明智而安详的父母的侵蚀，生存的愿望，偶尔希望不幸福的孩子死去，后悔所产生的封闭性结果，悲剧过后幸存者所承受到的负罪感，对未来及个人身份的焦虑以及最后也是最重要的，对勇气和希望的寻找。随着情节的发展，格拉斯显然意识到了自己内心的冲突及同母亲的斗争，这是很重要的事情。初次露面时她给我们留下的印象就是她痛恨每一个人，每一件东西，痛苦已经变成她生命的一部分。假如她不能够反思这些情感，不能够认识到这些情感将会影响她的余生的话，这种情感最后将把她置于死地。对于格拉斯以及我们大家来说，关键之处就是要克制那种不良的情绪，或者至少是限制自己发泄不良情绪。

那是个美丽壮观而且还有点宗教色彩的农场，农场里融洽的人际关系以及汤姆那不可思议的技术都把安妮和格拉斯带到了一个反思自己和重新认识自己的境界，甚至她们开始痛恨自己先前的所作所为。里德福特相信自然恢复的力量，他的许多电影里都蕴涵着这一主题。主人公的满腔激情以及对待生活的反思方式在某种程度上感染着每个人，并随着故事情节逐步展开，那种感染力变得愈来愈强，这也正是我们所希望的。

就像汤姆那些思考和了解事物的能力在安妮和格拉斯身上体现出来一样，我们也可以以一种给周围人施加积极影响的方式来练习我们的理解能力。这种策略虽然仍存在争议，但是它却能够使我们的人际关系向融洽的方向发展。在电影故事中，布克考虑到了很多决定他行动步骤的事情。他明白安妮属于她的家庭，尽管这很可能使他再次陷入孤独之中。他也明白格拉斯的基本矛盾不在于她是否会变得愤世嫉俗，或者是否希望重新骑马，而在于她是否希望继续活着。同时他还明白，马的命运和格拉斯的命运是联系在一起的，这和安尼的看法是一致的。因为马受伤而使她发怒和疯狂，这仅仅是她精神生活的外部表现，只有她的马恢复了，才能最终使她完全康复。

过失归因

打架的原因是我们企图简化正在发生的矛盾。我们反对沉溺于过失的归因而不能自拔的倾向；同时，思考个人或者一个集体的缺点也是比较容易做到的事情，因为有罪恶，就有清白无辜，二者永远都不会重叠。

这种情况常常发生在离异家庭的儿童身上。如果一个人不在场，比如说离异的父亲或者母亲，一方就会把所有的罪过都归在另一方头上。另一方面，如果一个十来岁的儿童同单亲父母过了一段不愉快的生活，比如一方经常给他制定行为规则，他就会把没有和他生活在一起的另一方理想化，甚至还会把与他生活在一起的一方妖魔化。我知道有些家庭中离异的一方会因此而受到责备，其他家庭成员也会将之作为避免真诚谈话的托词，并且将之作为避免为自己行为负责，或者解决彼此争执的借口。这种过于简单化的处理方法是对矛盾所引发的情绪疑惑的反应。

矛盾是复杂的，主要是因为在大部分情况下，我们没有一个清晰明确的过失归因方法。如果要判断谁是谁非，即使是最有经验和道德的法官也会感到极为困难——因为那取决于你的立场。而且当我们身处矛盾时，会由于别人攻击而受到伤害，结果注意力就不能够集中，以至于不能够反省自己在矛盾中所扮演的角色。这种情况时有发生，而且绝非少数。我们总是太过于忙着保护自己或者准备自己的进攻。

当我们责备政党领导处理国家事务所犯的一切错误时，也会这样对待他们。政客们会做出一些可怕的选择，例如，他们中的许多人需要为回报一些特殊的利益集团而作出违背良心的错事，这当然不假；但是事实上，每个公民也应该为他们默许的大部分坏事承担责任。我们可以猛烈抨击这个参议员或者那个国会议员，并且抱怨他们同石油物价涨跌的关系。但我们往往只在自己的汽车上寻找责任的原因，而逃避我们对石油永不满足的需求给地球、政治和全球暴力所造成的严重影响，这恰恰是我们每个人的问题。这个概念很容易理解，但是却很难接受。实际上，只不过是那些领导们替我们大家做了一些事情，一些我们都认为不恰当但又拒绝为自己行为负责的事情。

如何交流

一般情况下，关系破裂后矛盾就会恶化，这并不是因为我们所表达的内容所造成的后果，也不是由于所争论的问题引发的，而是由于争论的方式所酿成的严重后果。有时候，每个人都明白你是正确的，但是如果你用错误的方式同他人争论，为了不助长你这种行为，他们就会与你发生严重的冲突。毫无疑问，在冲突中我们如何交流会影响理解的发展方向（我们还要在第八章中继续探讨这一问题）。

在很多情况下，冲突双方相互攻击的原因不外乎是由于两个人、两个组织不同的文化观念或者视野而造成的。许多冲突都源于他们对于同一件事情的不同理解。现在，大部分人的性格都受到不同文化的影响，行为习惯也是如此。例如：有些人把"沉默"视为尊重，而另一些却视之为冷漠；有的人把基本文明用语"谢谢"、"请"等看成他们能否与你友好相处的标志，而其他人却把它当作一种表面上的礼貌与客气；当谈到一些事情时，有些人喜欢公开而直接地谈论，而另一些人认为公开谈论是一件不光彩的事情，而且还不理解为什么别人都很难与他们接近。很多例子都表明由于不同的文化及价值观念而影响了理解，并且使人的理解力产生了分野。

然而，如果人们利用文化传统与对手建立沟通的桥梁，则是相当正确的。最近我家搬到美国南部附近的一个地方。而我是在新英格兰出生，并在那里长大的。我们已经养成了独立而且不与邻居们互相来往的习惯，也许那真是一个错误。后来在波士顿断断续续居住的40年之间，我甚至连仅有一街之隔的邻居也不认识，但这是那里的传统习惯。当我们来到新居的第一天，就收到了来自于每个邻居的礼物，有的是从商店买的，有的是自家做的甜点。这都代表了他们对我们的深切关心和祝福。第二周，当邻居家的一棵树出现问题时，我就主动帮助解决了。有时候习惯和文化传统会分离，有时候会融合，关键是我们需要意识到二者之间的动态关系。

冲突陷阱

有时冲突就像一出戏，我们似乎总是被迫地扮演着自己的角色，甚至有时候衷心希望自己能摆脱这个角色。这场戏好像控制着每个人，而且好像自始至终有一个看不见的导演和一群演员。但是，一旦我们了解了这出戏的实质，我们就能够把剧本变成一出和解的喜剧。

我突然想起了一位学校领导——斯蒂夫先生，我对他进行了多年的观察和跟踪。史蒂夫很聪明，可是情绪却反复无常。他的脾气很大，但是他又有一种奇特的幽默感。许多同学特别惧怕他，同事们偶尔也为他那些专横行为感到恼怒。但是所有的人都因他开办了这所学校而对他心怀感激之情。

当斯蒂夫感受到了那些人的尊敬时，他的行为变化之大给我留下了深刻的印象。我一时找不到更好的词来形容这种变化，总之他变得明智，富有洞察力，特别能理性地与人相处。使我印象最深刻的是，在那段艰难的生活中他学会了如何处理压力、反对意见和来自同等阶层的竞争。他的行为方式无法预知，甚至有些疯狂，仿佛他在哗众取宠，炫耀自己的才能似的。这样斯蒂夫就陷入了一个充满着奇怪的矛盾处理方法的陷阱之中。这个陷阱使他在很多情况下陷入到危机之中。他设法谋得了一个职位，但是他总是处处受到牵制。很显然，斯蒂夫身上有着相当优秀的一面，但需要了解自己的矛盾处理方法是如何使他陷入恶性冲突之中的，并且他需要改变自己原先的处理方法，从而找到真实的自我！

人们的非正义与不公平之感是许多冲突的重要组成部分。如果人们经常做出一些非同寻常的不公平之事，那么他们对"公平"的理解就会让我们感到十分荒唐。因此，试图了解每个人对公平与不公平的理解正是解决冲突的决定性的一步。

为了解决冲突，我们就不能把道德上的公平与不公平的感觉埋藏起来，也不能将它弃置一旁。即使有时候它会起到误导作用，但是它基本上代表着一种善良的本能。我们为了能够过上体面的生活，也为了能够帮助别人过上体面的生活，的确需要这种本能。在解决冲突时，我们需要诉诸伦理道德和是非观念，这也许会为对手和我们共有的希望和需求在日后达成妥协提供基础。

因此，这也是中东工作中十分困难但却是十分重要的一部分。我不但得学会怎样才能做出不太草率的判断，而且还得学会不能忘记是非标准。即使在为了解决冲突而需要稍微改变一下规则的时候，所有的人（包括中间人在内）都不能忘记我们对道德的承诺。暴力冲突是肮脏的，解决的途径也很可能因此而变得肮脏。正确的方法能够保证我们的道德观念不受损害，至少能够保证它在某些方面不受到伤害。这对于我们的对手来说也是同等重要的。

假如人类自己书写的生活剧本是复杂的，我们就应该知道，任何人都不可能完全了解所有冲突的真正起因，但是我们可以清楚地了解问题的某些方面。这对于我们找到一条正确解决冲突和通向幸福之路来说，就已经足够了。

权力以及权力的不均衡

关于冲突为什么会发生，以及为什么会得到解决的原因，我们已经讨论得很多了。包括冲突解决学在内，社会科学的其他分支也已经对此作过许多探讨。我为自己能够在这所专门研究冲突解决的学校中任教而感到骄傲。但是这种智慧经常被复杂的研究所掩盖，而且这种研究还未得到广泛地认可，也不能恰当地揭示出人类生存的每时每刻所面临的挑战。但是这个知识体系确实提高了我们的理解能力；在我们完成这些步骤以后，我们的洞察力越强，就越有可能认识到那些从未觉察到的东西。所以，下面探讨的就是前面已讲过的一些最重要的经验，以及简单概述如何将之运用到理解这一步骤。

在耶路撒冷被罗马占领的时期，有一位非常著名的犹太教牧师，他的名字叫约哈南·本·札开。据犹太教经文记载，公元70年，罗马人曾残酷地镇压过犹太反抗者的起义。这时约哈南面临着一个几乎不太可能的选择。当时各个犹太政治派系都在从罗马统治中谋求独立，而罗马人决定破坏犹太人的文化基础设施，以此向犹太人展示抵抗的结果和榜样。约哈南神父和许多犹太人一道强烈反对一些极端的犹太人发动反对罗马的恐怖战争。根据传说，他曾恳求罗马人停止破坏那些基础设施。罗马人让他选择：要么摧毁位于耶路撒冷中心的最神圣的寺庙，要么毁掉位于亚奈的教育中心。牧师约哈南决定保存亚奈的教育中心，因为他认为寺庙可以用石头重新建造，而神学院一旦被毁，犹太教牧师一旦被杀害，人民的教育中心就永远消失了。

显然约哈南牧师面临着两难的选择。然而在这恐怖的环境中，他选择了反抗极端主义的道路。这把他推向了拯救犹太人与犹太文化的位置。约哈南明白在冲突中他需要对权力有一个现实的看法，他也明白为了把长期冲突的破坏性降到最低，他需要对权力进行明智的评估。他营救了一个充满和平氛围的城市，尽管损失已经很大，但是在那里犹太社区得以复兴。而亚奈也成为了重要的学习中心，这为几千年来犹太文化能够幸存下来打下了基础。

它成为历代人学习犹太文化和传播重要犹太传统的基地。其作用之大，竟使犹太文明从几千年的悲剧中传承下来。

在那场暴力冲突中，牧师约哈南的权力是很微弱的，但是在生活中，微弱的权力常常在典型的非暴力斗争中发挥着重要作用。例如，我曾经就大学校园里一个宗教组织的权力分配问题提出建议。这个特定的宗教组织由三支宗教派系组成，不同的内在信念以及宗教仪式使它们分裂开来。如果这些人把事情搞得很糟糕，比如用于宗教礼拜活动的公共资源没有得到公平分配，思想意识的分歧就可能演化成各集体之间的公开战争。但事实是，制定方案的领导者确保了所有的资源都能够平均分配，并且提供了足够机会让不同派系融合在一起。由于持有不同的宗教信仰，潜在的冲突经常存在，但是如果能够给以特别关照，不同的宗教信仰就不会发展成为关于空间和资源的权力之争。

正是由于缺乏良好的组织才使得冲突常常发生。这就是为什么美国的开国先驱们将人民之间的社会契约确定为民主统治制度的原因。一些机构，如独立的司法部门、政府各分支机构之间的权力平衡和《权利法案》都旨在创造一种民主统治体系，用以帮助处理普通人民之间的冲突、权力分配等问题，防止一般性冲突演变成破坏性冲突。

在冲突解决的培训过程中，我和同事们对学员进行了分权契约和社会契约的设计训练。学员们制定了人人都必须遵守的规则，例如，避免个人受辱，限制说话的时间等等。这些规则为人们相互交往制定了框架，同时也考虑到既要确保谈话的顺利进行，又要保证参与对话的人们之间建立密切的人际关系等问题。这一招儿十分有效，在训练中我们用完善的社会契约创设了一个临时社会，模拟如何在社会中改善人际关系。公平的规则能够在社会中起到积极作用，而不公平的规则总是制造冲突。

需求和利益

　　了解人类冲突的另一个关键是,我们需要分辨人们最基本的需求和利益。一个古老的犹太传说讲述了马斯特·乌克巴牧师的故事。他是当时最优秀的牧师,特别忠于有关慈善的法律条款。他认为对不知姓名的人进行帮助不但是一件很光荣的事情,而且对于穷人来说,受到的伤害也最小。因此,他总是尽量小心地避免同那些受惠者接触,把钱放在一个小小的缝隙中,等待那些穷人自己来拿。这种精心安排的举动持续了很长一段时间。

　　一天,马斯特·乌克巴和他的妻子正在散步,他像往常一样把钱放到了那个固定的地方。他并不知道一位受惠人一直希望和他直接见面,所以那个人把马斯特·乌克巴吓了一跳。在慌忙中乌克巴飞快的逃跑了,他的妻子也跟在后面跑,而那个人就在后面追赶他们俩。大家想象一下,那该是一个多么壮观的场景啊!

　　传说中,马斯特·乌克巴和他的妻子躲在一个墙角里。他们不知道,尽管这个墙角打扫得干干净净,但是刚刚被用作壁炉。于是马斯特的脚被火烧着了,据说他妻子的脚却超自然地没有着火。这使他陷入无休无止地抑郁之中,因为作为一个畏惧上帝的人,他认为妻子比他更正直,而他的脚着火则是上帝的旨意。所以他草草地询问了一下妻子:"我们所做的有什么不同呢?" "当穷人来到我们家门口时,我总会欢迎他们进屋,发现他们需要什么,就给他们什么,然后再把他们送走。" 她的回答庄严而有深度。

　　许多年以来,我一直在思考这个故事,因为它教会我许多东西,教会我如何处理问题,如何面对减轻贫困的挑战,也教会我如何处理人际关系以及矛盾等问题。乌克巴的妻子了解个人需求的重要性,她明白尽管不让穷人感到尴尬的想法不错,但是暗地里帮助别人总是一种冷漠的处理方式。她懂得人们见面的机会是神圣的,从中可以聆听并了解某些人的真正需要,当然她确实也需要怀着尊重、同情的心情来聆听他们真正需要什么。

人类有最基本的需求，比如水、食物、安全感以及生存空间等等。但是我们也有那些微妙的需求，例如尊严、授权、身份认同、生命意义等。我们所不知道的但却最重要的需求就是鉴别比生命更有价值的东西。这可能包括对子孙后代承担义务，同时对理想事业、国家、运动、宗教信仰、神等等所有事务的认同。奇怪的是，为了满足第一需要人们往往牺牲了诸如对国家的热爱和神的崇拜等其他需要。

"了解"这一步骤中最重要的一个方面就是要找出自己和对手的真正需要究竟是什么，因为如果我们能够详细地了解这些需要，一些非同凡响的事情就会随之发生。我们会发现，其实我们和对手都有共同的合理需求。我们开始寻找各种途径实现这种健康的需求，至少能让双方的部分合理需求得到满足。

旧伤疤

我们不得不经常自问现在的冲突是否和从前所发生的事情有着某种联系。我们需要仔细审视对手的生活，并提出同样的问题。当然这需要一定的勇气，因为不断提及旧伤疤和冲突要比直接面对它们容易得多。但是除非解决恰当，否则旧伤痛会在一些意想不到的情况下引发新冲突。历史上的伤害，如克伦威尔对爱尔兰的破坏，以色列建国过程中巴勒斯坦的大移民，长达数世纪之久的反犹太人的野蛮偏见和暴力残留，这些都对最严重的国际冲突造成重要影响。同样，在个人方面，旧伤疤也能在几年后再次引发冲突，例如父母对一个兄弟过分偏袒，即使时间不长，过后也可能引发矛盾。

我曾经做过一份兼职工作，但是由于时间有限，我没有投入太大精力。我的工资很低，在那种情形下，我很难成功。我在一个不算大的大学里的牧师办公室工作，我的同事，一位校学生领导，对我很不友好，同样我也这么对待他。我们从来没有打过架，我曾认为我们会一直相安无事，直到年底时，我却发现他在游说学校领导让别人取代我。这深深地伤害了我，因为即使我的努力程度不够，但是我实在不知道如何才能把工作干得更好，而且我认为自己和学生相处得很好。几年后在一次家庭聚会上，我碰见了这个人，一看见他，我就热血沸腾。他对我很友好，当然他一直就这么"友好"，这种言不由衷就是背叛。我不知道应该怎样回应他；我突然意识到整个事件仍然留在我的脑海里，尽管我以为自己已经把它完全忘记了。这种情况下，我不知道那种背叛对我影响到底有多大。

有些人总是习惯性地与人发生冲突，这和原先受到的伤害有关。不管我们付出多么合理的努力，也许那种模式仍然难以打破，除非我们将它公之于众，让大家来共同直接面对。同样，个人的倾向也是如此。一旦我们意识到这一点，我们就会明白先前的冲突也会以这样或那样的方式折磨我们，但是我们内心必须保持平静，这就是我们的策略。

我熟悉的一个家庭总是矛盾不断。拉克尔，这个家庭的一个女儿，常常充当一位和事佬。为了解决冲突，其他家庭成员也意识到，拉克尔经常为能够创造和谐的家庭环境以及体现出自己的重要地位而感到骄傲。因此，她试图彻底结束家庭纷争。在解决矛盾中，她不能不理会自己的积极作用，也必须得面对这复杂的矛盾局面。拉克尔的反应是正常的，因为当我们在复杂的矛盾中扮演着重要角色时，我们总是在不断地获取着什么，只是为了使生活更加美好。在许多情况下，这些角色会使问题持续下去，然而那也得面对。

我沿着这条线索进行思考，在这个关键时刻，我女儿班里一位5岁的小男孩进入了我的记忆之中。他经常打骂其他孩子，或是以各种各样的方式折磨他们。老师用尽了所有的方法加以阻止，但是那好像已经形成了一个固定的模式。年底时,我的女儿要转学,老师便要求学生们给她送上祝福的卡片。我们把这些卡片挂在她的卧室里,因为这样更有助于女儿正确对待这次搬迁。

我发现儿童的祝福语言很让人陶醉,大部分的祝福语都蕴含着特有的犹太文化意味,比如"祝你长命百岁"和"祝你身体健康"等等。奇怪的是,有一个小家伙的祝福却是"谁也不应该以任何方式打扰和伤害你"。在我读完留言,搞明白了这是谁写的之后,我感到异常吃惊。随后我便从中得出几点结论:一是他可能在童年时经历过类似的折磨,或许来自他的哥哥姐姐,所以他自然认为祝福可以避免这些折磨。二是写祝福语的那一刻对他来说是真实的,那一刻他也意识到自己先前的行为不妥。

更让我感到惊讶的是,老师突然组织了这次为离校的同学送祝福的活动,这个活动使四五岁的孩子们思考自己最深切的愿望是什么,希望生活赐予他们或者每个人什么东西;这也为孩子们提供了一个独立思考的机会,思考他们到底是谁,希望成为什么样的人,想从生活中得到什么,最珍惜生活中的哪些方面。独立思考的时刻是面对自我的时刻,是面对自己究竟想成为什么样的人的时刻。这样的时刻常常产生一种轻松的感觉,至少能使你意识到真正的问题所在。

我们常常想着原先所遭受的伤痛,而且这些伤痛一直深深地隐藏在我们心底,等待某些事情把他们诱发出来,矛盾也就随之出现了。无论在任何情况下,当我们面临矛盾时,一定不要忘记思考哪些是新矛盾,那些是旧冲突;在解决矛盾时,也一定不要忘记思考如何利用这些已有的知识。

复杂动机

通常情况下,无论个人还是一个国家采取措施的动机不止一个。为了捍卫我们的行动,我们常常会只摆出那些最高尚的理由,这也是很正常的事情。既然这是司空见惯的事情，那么预防冲突的关键就是公开声明我们正当的理由和需要，这对于全球政治来说同样适用。如果企图直接掩盖国家利益和需要，并且给它披上正直的外衣，那么就没有什么比这更具有毁灭性的了。例如，关于伊拉克战争，国际上就有很多争论，有的赞同，有的反对。但是，无论大利益集团还是普通人物都很少在公开场合详细探讨这一问题。众所周知，在世界舞台上，萨达姆是一位权威人物，此外，伊拉克是一个石油大国，这构成政府之间争论的重要因素。例如，如果法、俄政府公开声明希望萨达姆拥有权力，而美国政府却声明希望剥夺萨达姆的权力，冲突就可能变成关于道德的争论，这可能更有益于解决冲突。要想让他人接受我们的出发点是好的，个人利益也还说得过去，就得公开承认自己的利益及需要，因为这让人更加容易接受。这就叫做"完全公开"，它有助于建立相互间的信任。在这个地区，诚实会使伊拉克重新展开更多的国际合作，为了保护伊拉克人民的利益，诚实会使全球人民做出更加均衡的努力。我之所以举出这样的一个"讨论诚实"的例子，是为了帮助美国树立良好的声誉，因此也将会对全球反恐怖主义有所裨益。

另外，误解会导致冲突，我的经历就是一个很好的例子。故事发生在1983年，我到一个阿拉伯人居住区访问，那里也居住着一些以色列人。这个地方比较民主，所以我有机会和一位阿拉伯作家及其朋友一起共度时光。一天，我们在一个山顶上散步，山下面便是犹太人的村落，一个从事农业生产的村落。我向马尔万问道："如果你的村庄曾经建立在下面的那块土地上，而且你也有武器，如果可能的话，你会向他们开火吗？"他回答道，"是的，如果那曾经是我的土地。"他的回答使我感到很悲伤，但是我保持了沉默。我理解他那种不公平感，但是他却打算向一个个家庭开火……

那天晚上，我和他的很多邻居在客厅里聊天，他们全是阿拉伯人，好像对我很感兴趣。我认真地对待他们每个人，把他们所说的每一句话都当作帮助我理解该地区复杂情况的重要信息，我仔细倾听每一句话，也提出了很多问题。他们和我都有同感，当恐怖主义者的人体炸弹在以色列爆炸时，那是多么令人害怕的事情，因为如果他们就在附近，将会受到严厉的指控，遭受痛苦的折磨。我刚刚在耶路撒冷一个犹太人家里度过一个周末，我向他们讲述了一位家庭主妇的故事，因为恐惧而没有改造她的厨房，她说她害怕与阿拉伯人单独呆在一起，害怕被刺杀。

以色列犹太人竟然害怕阿拉伯人，马尔万的朋友对此感到吃惊。对他们来说，那实在令人难以置信。"他们（以色列人）拥有武器，他们害怕什么啊！"这是普遍的态度，但是随后发生的事情从各方面都证明了这种担心并非毫无根据。

我们又得重新回到原来的话题，我想起马尔万曾经说过的话来，我仔细斟酌着措辞，目的是想质疑他们理解事物的能力，利用我的理解来激励他们。当那个人嘲笑以色列犹太人之后，我对马尔万说："你还记得今天早些时候在山顶和我所说的话么？如果你有武器，你就会开枪，那就是他们惧怕你的原因，也正是他们想确保你们永远不会有枪的原因。"马尔万和他的朋友没有注意到他们曾给以色列人带来恐惧，而只是意识到他们自己曾经经历过恐惧的时刻。同理，很多以色列人也难以想象阿拉伯人有多么惧怕他们。更重要的是，马尔万不去正确面对自己的愤怒和复仇欲望，而复仇的欲望其实是合理的。在我们必须探讨复仇的欲望之前，我们可以讨论哪一方的恐惧更加合法化，以及他（她）的对手将希望何种公平。

仅仅明了对手的立场并不能说明我们已经完全了解了冲突，事情远非那样简单。如果我们能够了解我们的对手希望拥有什么，然而他们还没有表达什么，这样将非常有益于解决冲突；如果我们已经了解了冲突中的很多因素，包括我们自己的角色，我们就会更加接近真相。但是，我们常常对他人的因素分析得太多，而对自己的作用分析得不够透彻；我们常常把问题和动机太多地归因于他人，而很少归因于自己。真正的了解反对这种主观主义倾向。

第二步要求我们能够熟练的面对自己和对手，感知双方的需要。这一步，也就是第三步，要求我们需要熟悉那些驱使人们步向冲突或者远离冲突的动因，以及那些驱使人们走向幸福生活或者远离幸福生活的动因。对于进一步建立人际关系来说这是绝对必要的。例如，马尔万和他的朋友，被敌人（对他们来说是不能征服的敌人）震惊了，因为敌人也惧怕他们。只有在此类谈话中获得的理解才能使这些事情发生。

直到今天，究竟有多少次巴勒斯坦人对以色列人的恐惧感到震惊，反之，究竟有多少次以色列人对巴勒斯坦人的恐惧感到震惊，我对此感到迷惘。在冲突中，我们常常通过幻想赋予对手一定的形象，但是我们往往在现实生活中找不到根据，也歪曲了我们所有的反应。本书旨在揭示，我们不能否认自己的感情存在，也不能认为对手的感情不存在。在冲突中，为了进行明智的观察、做出明智的预见、表达明智的观点、采取明智的行动，我们必须面对每个人的内心生活。

第四章 聆听——聆听的艺术

  聆听就是技巧性地辨析每一句话，不放过每条线索，那将帮助你进入周围人的世界，尤其是和你发生冲突的人的世界。

  在前三步中，我们需要涉足自己的内心世界，思考内心的真正想法，这才是我们真正应该做的事情。现在我所讲的就是要将范围扩大，使之超越自身，从而探究我们与他人的关系。第三步让我们试图理解他人的真正感受。而第四步就要使理解深化，使之更加深刻。真正的倾听就是在某人说话过程中认真听取每一句话，从中找出他所传达的真正含义，从中发现每一点儿线索，从而了解他内心的真实想法和对我们的看法。如果经过认真地倾听，过些时日我们就会发现自己的解决方法更加有效。

  马克是一位成功的经济顾问，他总是认真地倾听他人讲话。马克非常善于此道。他尤其善于从公司官员有关企业文化的闲谈中分析股市的行情动向，这主要是因为不论任何人发表针对公司问题的观点，他都能够认真听取。在评估某个公司运行状况是否正常时，他运用这些知识帮助他鉴别投资机会的好坏。甚至在给未来客户服务定位的过程中，他也使用这种技巧。

  我和马克经常在写作此书的那间咖啡屋见面闲聊。我记得，马克曾经描述过某个大公司的老板与他签订咨询合同时的情形。老板们经常让他制定商业计划，那涉及包括资方、技术工人和他在内的三方关系。马克的商业经验丰富，技术基础深厚，完全可以胜任这项工作。

在仔细倾听每个人讲话之后，马克意识到老板并没有把公司未来的计划传达给员工。事实上，老板正打算在员工们要求付全合法报酬之前就解雇这群签订了分包合同的工人。马克告诉老板，在那种状况下，他不能接受那份工作，最终他们友好地分道扬镳了。根据马克的经验，他明白，这种老板缺乏职业道德，他们正在走向既荒唐又没有必要的冲突，尽管他们的产品很棒，企业最终却不免走向失败。

娴熟的倾听技巧使马克节省了时间，却也让他少赚了很多钱，但让他坚守了诚实准则和坦诚秉性，因此使他免受内心的折磨。虽然马克没能解决受雇公司的所有问题，但是他却能够阻止雇主与雇员卷入严重的冲突。

如果运用其他方法处理这种事情，或许灾难早就发生了。假设还有另外一个马克，我们不妨把他叫作马克B，假如他也是技术过硬而且精明的商业计划分析专家，同时也是深受欢迎的商业顾问，但是缺乏自信，因此总是急于讨好顾客。假如一伙人带着他们刚刚成立的企业来寻求他的帮助，而且他们拥有大量的资金和点子。由于他太急于发挥自己的作用，因此丧失了仔细倾听和详细调查的能力；由于担心自己将永远挣不到那份钞票，这种恐惧让他对公司一无所知。

在那个公司工作的一年中，利润源源不断地滚进老板的口袋。但是分包合同还没有到期，公司老板就解雇了那些员工，这让马克B很是吃惊，也让他感到恐惧。马克B的金融头脑很是灵光，特别是因为他起到了联系技术工人和老板的纽带作用，老板付足了他的全部工资，而且还打算继续延长合同期限——但是他被他们的行为激怒了，也说了上述那些话。为此，马克B和老板们交换了意见，然而他们却辱骂了他，说是他一手造成了这种危机，而且他应该为这种危机负责。同时，因为违反了合同法，老板也被起诉了；作为证人，马克B将被传唤去作证。整个公司都了解这桩案件，但是它就像一块烫手的山芋，没人敢于理会；而马克B的咨询服务也遭到了漠视，他必须求助于律师了。

一连串的坏事将接踵而至，一股脑儿全都发生在马克B头上了，这些都是由于他缺乏倾听能力所造成的。继而这些坏事又削弱了他的力量、勇气和自信。

倾听——其他几步的辅助手段

在全部完成前三步的基础之上，真正意义上的倾听才可能发生。前三步就是：

•在我们已经完全了解了自己，并开始欣赏自己时（认同）

•在我们已经全面承认了所有的内心情感都会发挥作用之时（感知）

•在我们已经着手从整体上了解人类冲突，并已经取得了一定成绩，永远都怀着好奇的心情去了解更多冲突的时候（了解）

同时，倾听也能使前几步得以实现。因此，整个八个步骤就像一个圆，自行循环转动。每一步都对前几步所取得的进展起巩固作用。

到目前为止，我们在前几步中所学的大部分知识只和我们自身的素质有关。从这一步开始，我们将重点探讨一些人际交往技巧和交往过程中的道德因素，它们往往能够改变人际关系。人与人之间的交往总是充满了风险，一时间我们可能做出许多有益的事情，也很可能做出许多具有破坏性的事情。因此，我们应该既要准备迎接即将到手的成功，又要准备面对充满危险的时刻——在这一时刻，由于我们所说的话和所做的事情，由于我们听到的和没有听到的信息，由于我们看见的和没有看见的事实，我们就可能失去一切。

聆听——既是一种技巧，也是一种道德品质

怎样界定深入倾听的一些基本素质呢？这里有两种观点。我们可以将它看作一套人际交往的技巧，也可以将它看作一系列道德品质。我们从前几章的内容中得到启示，身份认同就是将谦虚和自顾巧妙地结合在一起。例如，谦虚当然是一种道德品质，但是如果它能使谈判圆满成功，我们就可以将它看作一种技巧。自顾当然也是一种生活技巧，但是如果我们把"热爱自己"当作一种道德义务，那么它也就是一种道德品质。许多道德伦理体系也是如此。

其他的基本素质，比如同情心和尊敬，也是提高人际交往技巧的重要组成部分。然而倾听会让人产生同情心理，而同情之心正是设计解决方案的关键所在。

有时候，我们必须面对这样的事实：历史上的各种文明之中同时存在着许多支力量，它们比我们任何一个个体强大许多倍，也超出了我们的控制能力。如果你发现自己卷入种族冲突或战争之中，而且那不是单靠自己的力量就能够控制的。因此，一点儿小小的胜利就会产生巨大影响。如果倾听让我们对对手产生了同情之心，那么我们就会觉得它就像一场胜利。尽管困难重重，但是倾听会使我们力量倍增，也会使我们在那个环境中感到一丝坦然。这种自我控制方法不但对我们的健康和幸福至关重要，而且我们还可以得到一次与他人交流的机会，从而有一种释然的感觉。倾听高傲地挺立在复杂冲突之前，并且蔑视它们的挑战。

尽管我和萨勒仅仅见过几次面，但最终我还是喜欢上了他，并且十分羡慕他。他的宗教观念极其强烈，每天都沉浸在思考之中。他思考什么是爱，怎样去爱；他也思考如何解决问题。为了阻止以色列和巴勒斯坦的战争，我们共同做过许多意义重大的事

情，但是由于强烈的政治干预，我们的努力几乎没有产生任何长期的影响。解决数百万人参与的冲突往往要花费数十年的努力，而且胜利的那一天没有到来之前，我们必然会经历许多失败。那就是为什么说坚定的信仰和强烈的希望是如此重要，也就是为什么说倾听（耐心的一种表现形式）也是道德品质。在数十年的努力之中，没完没了的倾听需要耐心，然而即使在战争之中，耐心也可以帮助我们建立永恒的友谊桥梁。

　　我回想起发生在几个月之前的事情，萨勒的遭遇把我折磨得心烦意乱。那时他几乎变成了村里的囚徒。由于以色列强迫这个村子戒严，也由于受到自己国家极端分子的严重威胁，他不能四处走动（和平的制造者都会遇到来自各方面的压力）。因为处于囚禁状态，这么一个乐观而且满脑子充满希望的人立刻就变得抑郁寡欢。一天，我在波士顿给他打电话，他在电话里竟哭了起来，而且哭了好长时间。我记得，除了不断重复着一句希伯来语"阿克"（我的兄弟）之外，他几乎没说什么话。

　　这是我一生中所遇到的最困难的事情，因为我只能听着他哭泣，我感到自己没有任何能力帮助他摆脱困境。几个人恳求我为他做一些力所能及的事情，但是我的尝试没有一样是奏效的。所以，我只能听着他哭泣，只能在情感上给他以慰籍。在打电话的同时，我感到心底有一股怒火在升腾，仿佛我们正在反抗这场疯狂的战争。通过交流，他了解了我的想法，对战争的一致认识也帮助我们处理了这件事情。

听话外音

　　当我们的理解更进一步，倾听练习进一步深入的时候，我们应该承认倾听的主要目标就是听取话外音。许多事情是只可意会不可言传的，这是因为如果我们把话说出来，会令人感到痛苦。例如，极少数的小孩能够意识到自己对父母感到失望；但是另一方面，如果你希望从他嘴里得到一些正面的东西，那也不太可能。我们通常会注意到一个孩子经常说"我爱你"之类的话；而另外一个孩子却从来不说这样的话，除非有人提示他；所以，话外音就成了查明其他问题所在的重要线索。

一旦确信自己听到了话外音，我们就有两个选择，但是这两个选择都带有一定风险性。根据对画外音的理解，我们可以直接和某人交流，但是这么做的代价就是我们可能因此而侵犯了他的私人空间，这种私人空间也是只能意会而不可言传的东西。情况究竟是不是这样，拥有不同文化背景、不同性别的人们，有各自不同的理解。有些人喜欢接受那些毫不掩饰的事情，认为那样更加接近诚实，然而其他的人却对此感到厌恶，他们喜欢含蓄地接受某些东西。在公开的人际交往过程中，女人的直觉更加敏锐，她们能够靠直觉知道正在发生着什么事情；然而男人总是使事情含蓄地发展下去，可是当真相大白的时候，他们会感到不知所措，或有受到冒犯之感。在最后的分析之中，我们一定要自己判断清楚交流的对象究竟属于哪一种情况；当与他人交流的时候，我们一定要试着让倾听、沉默和直接交流保持真正的平衡。

得出和弦外之音有关的草率结论还要付出另外一个代价，那就是我们可能通过拙劣的假设，将某事错误地归咎于他人，因而可能会疏远他们。当我们得知了一些他们永远都不想让外人知道的东西时，他们可能就受到巨大的侮辱。直接面对这件事情的潜在好处就是，首先经过一段不愉快的时光之后，我们能够使双方的关系更近一层，也为解决冲突打下基础。至少我们能够为详细地规划一个如何解决冲突的新蓝图打下基础。

另外一个选择不是旨在让正在暗暗发生的事情浮出水面。相反的，基于我们对该问题的了解程度，我们可以谈论一些与之间接相关的话题，也可以做一些与之间接相关的事情。在改善人际关系方面，倾听和微妙的反应会创造一个有趣的实践空间。但是，如果不把事情摆到桌面上来谈,其代价就是我们自以为已经得知了事实的真相,但其实我们是错误的。另外,我们还极有可能丧失一次诚实交流的机会,而诚实的交流是我们所提倡的。

有这么一个例子:在一次老板出席的商业会议上,亚当在旁边顺口谈到一个灾难,那个灾难发生在基姆设计的机器上,他的语气有点冷嘲热讽的味道,基姆因此受了侮辱。不管这是真还是假,在老板面前评论此事,绝对是愚蠢的行为,亚当马上就后悔了。会后,亚当走到基姆跟前,真诚地说道,"真抱歉,我在老板面前和你开了一个糟糕的玩笑!"基姆稍作停顿,然后说,"接受了你的道歉!"然而亚当意识到他的道歉并没有被真正接受,所以他面临如何选择的问题。他可以安于现状,和自己说,"我的确已经道歉了。"他也可以承认他已经在公众场合给基姆造成了伤害,所以就需要更多他在基姆面前表明自己的诚挚歉意。因此,在下次与老板的见面会上,他尽量暗示自己上次所说的话是建立在基姆出色的研究基础之上的。往往在听出了那些言外之意以后,我们就能采取相应的行动。亚当明白,为了消除给基姆造成的伤害,他必须用语言和手势语加强他的表达效果。

倾听——领导者的一把钥匙

本杰明是我的教友之一,他所在的公司由几个部门组成,他是这间大公司的副总裁。有一次他来请我帮忙,因为这个公司正面临着一场严重的危机,而他没有能力解决。当他坐在我的办公室的时候,告诉我在他的整个任职期间,这个团体沿着几条线分化成几个阵营:男人与女人,自由派与保守派,支持管理派与反对管理派,而这些派别正在以不同的方式发挥着各自的作用。每一个正式部门之间都在暗地里相互较劲,而较劲的结果就是公司内部纷争四起,每一个新的导火索都可能使派别之间、男女之间、支持管理者与反对管理者之间的权力平衡被打破。局势紧张,纠纷不断，可是本杰明发现自己也卷入其中。作为副总裁，他的责任就是协调各部门的预算和活动。

本杰明开始质疑自己的能力，怀疑自己能否胜任这项工作，这便是冲突的结果之一。他曾经考虑过离开公司，但是又不愿意让自己背上半途而废之名。此外，他真诚地希望弄明白公司内部究竟发生了什么事情，这样他就能够称得上一位称职的经理人。

本杰明在海外工作期间，公司的冲突进一步扩大了。在某个部门的几个代表与其他部门的副总裁谈判过程中，为本部门谋取了一些利益，但这是以牺牲了其他部门的利益为前提的。其结果便是，其他部门的员工感到自己的权力被剥夺了，感到彻底地失望了。

过去，本杰明曾许诺要让每个部门都感到满意。当他在海外期间，就公司有限的可利用资源而言，大家都认为他显然不能履行诺言了，人们开始公然质疑他的管理能力。而本杰明心里也明白，他已经失去了同事们的尊重。

在与本杰明交往期间，我帮助他从头至尾回想了一遍他对整件事情的感受和态度。本杰明告诉我他对局势感到失望了。他也意识到自己在遭受着矛盾的折磨，因为自己不愿直接面对它。正是他这种逃避直面矛盾的行为给我提供了一个线索。本杰明告诉我，他曾经用与每个人进行私人谈判的方式解决了大部分矛盾——这种方法本身并不糟糕。在我提出一些"自我定位"的问题时，本杰明意识到自己不能够用公开、诚恳和勇敢的方式解决矛盾。他还意识到私人谈判基本上是一个逃避矛盾的手段。还远不止于此，本杰明承认他喜欢让员工们感到他确实是站在他们一方的，因为这会让他有一种享有权力之感。从最后的分析中得出结论，他的管理风格只会让人们滋长对他的依赖性，也注定要使问题永远持续下去。而且随着时间一分一秒的流逝，问题也注定越积越多。

坦率地说，公司的问题已经超越了本杰明的能力范围。问题已经存在很长时间了，已经根深蒂固了。本杰明值得赞扬之处便是长期以来至少他还一直在关注此事。但是他的作用仅仅是把每一件事情聚拢在一起。如果不是本杰明在协调，那种艰难的工作关系就难以维持。在他的心灵深处，这使他感到自己很重要，尽管他也不喜欢将工作关系弄得很僵。他需要正面对待自己对重要性的需要，并以一种积极的方式实现这种需要。

在我们谈话后不久，一些重要的员工就离开了公司。问题变得更加严重了，这给公司造成了重大的负面影响。至少有一位叫亚瑟的老员工利用这种普遍的不满情绪，采取更具欺骗性的行为，企图制造更大的纷争与不合。比如，如果他认为某一位员工是自己的敌人，他就把该员工的升迁申请报告藏匿起来。他的人格弱点和道德缺陷使现存的矛盾变得更加尖锐。

亚瑟的行为只是触动了已经恶化了的人际关系体系的扳机，但是就全面的缺乏信任的人际关系而言，每个人都把注意力集中到亚瑟的行为上的做法，只是企图掩盖更大的矛盾的一个方式而已。亚瑟之所以就是那个触动扳机的人，是因为他的行为尤其让人忍无可忍，所以极易把他的问题当作所有问题的核心。总体来说，该公司的员工们极其需要融洽的人际关系，因此他们愿意容忍亚瑟的行为。亚瑟的行为是压死骆驼的最后那根稻草，但是强壮的骆驼是不会一下子被压死的。

如果公司希望找到解决问题的方法，每个卷入其中的人都需要完成这八个步骤。然而，其中关键的一步就是倾听。在我们讨论和了解了矛盾的症结所在之后，我告诉本杰明为了平息公司的纷争，他应该暂时停止先前曾向他人允诺的行为。同时，即使他不喜欢与人发生冲突，即使他发现矛盾难以解决，也需要听听员工们是怎么说的。我建议，他应该召开一次会议，让那些想参加的员工，无论老少，都来与本杰明一起坦率地谈谈自己的认识，这样就不必害怕他们的工作会因此受到影响。我曾经向本杰明建议，为了能够使其倾听带有同情的意味，他应该询问下列重要的问题：

- "什么使你感到最受折磨，你是怎样处理的？"
- "举例说明使你感觉良好的一天，或者感觉最棒的一天。"
- "在公司里工作，你的理想是什么？你在扮演一个什么样的角色？"
- "哪种人际关系引起了你的最大不快？你是如何处理的？"
- "你最希望也最需要从我这里得到什么？"
- "你认为我，作为公司的领导，应该从你那里得到什么？我们如何合作才能达此目的？"
- "你特别在意那些冒犯你的行为吗？是否你的人际关系在一段时期内有所改善？什么事情促进了这种改变？"
- 让员工列举出他对其他人的不满之后，然后问他，"什么事使你感到最不开心？你又是怎样结束这种不开心的感觉的呢？又是怎样发泄出去的呢？"
- "为了彼此合作愉快，你最希望从他人那里听到什么事情？你希望看到他人做些什么事情？反过来，你将怎样说，怎样做呢？"

这样一来，最重要的任务就是不让本杰明成为改善人关系的关键性人物。我建议他们应该多举行几次聚会。如果没有本杰明参与，在聚会上人们可以有更充分的时间进行坦诚的交流，而不是再用秘密的、欺骗的方式。这将是创造融洽人际关系的方法。在员工们认真倾听对方讲话时，他们需要完成倾听这一步骤。只有到那时，本杰明肩上的担子才能卸下来。员工们将会感到自己被赋予更大的权力，自己更像成年人。进而言之，这将帮助他们提高责任感，使他们明白自己的所做所为是应该为他人负责的。

结果，本杰明搞清楚了自己在公司里应该扮演的角色，赢回了那些曾经失去的尊重，也创建了一个同事们共享的更加健康、更具建设性的决策过程。

领导能力和婴儿化之间存在清晰的分野，这就是我们从本杰明的例子中所学到的教训。可悲的领导人总是把员工们当作婴儿。但是，越多的人被当作小孩儿对待，就会有越多的人表现成一个小孩儿的样子；在冲突出现时，他们与别人达成妥协的可能性就越小，这只会让冲突变得越来越严重。相反，只有每个人解决冲突的方法越来越巧妙，越来越具有建设性，公司才能够真正向繁荣的方向发展。伟大的领导人总是通过倾听，谦虚地、明智地履行着自己的职责，同时也使员工变得越来越强大。

倾听——了解人们需要的关键

与一些公司和机构不同，家庭和社会旨在保护和养育儿童，一直到孩子愿意作出自己的选择为止，至少我们是这样认为的。孩子成长的每个阶段都要求父母不要约束得太紧，允许他们掌握新技能和拥有责任感，这样他们才能成熟。由于每个成长阶段之间的界限不太明晰，因此父母需要仔细倾听孩子所说的话。在此基础上，父母需要适应他们的行为和反应。

当然，养儿育女并不是一件容易的事情，在很大程度上讲，我们得一边养育，一边学习。我们需要借助经验来了解孩子们的所想和所需之间细微的差别，其中包括我们需要了解怎样才能听出他们的言外之意。这对于我们了解当前的社会生活同样也是适用的。

作为称职的领导，我们需要倾听那些人们所言明和暗示的需要之间的差别。比如，有时一系列伤人的话其实暗示着他们渴求帮助，渴望关注和关心，或者渴望尊重。

这时，我的一段牧师生活经历浮现在眼前。那时，我和一批非仪式派犹太教众相处得较为融洽；换句话说，他们不太重视宗教仪式，而十分强调自己的内心修炼。这批人基本上是支持我的。然而另外一些人太过于注重每天那些繁琐的宗教仪式，宗教信仰也过于狭隘，所以基本不可能在普遍的人类冲突面前做到公开、公正。由于我的缘故，两派开始分裂，至少我应负部分责任。因为自儿童时代起，我内心里就一直存在着某种东西，使我对这些人敬而远之，无疑正是这种内心的东西引起了矛盾。

我记得有很多次为了不和这批人共进早餐，礼拜仪式一结束，我就跑了出来。迄今为止，我和他们共进早餐的次数屈指可数。有那么一两次，我听到一些人对其他种群评头论足，其状十分令人生气。在我印象中，他们之所以谈论这些，一方面是因为他们太没有涵养；另一方面是因为他们希望引起我的注意，然而我却果断地容忍了这种行为。我作为一个牧师，这样做显然是不负责任的。

事实上，我与该团体的关系是可以修复的。他们作出那些挑衅似的评论是想借此引起我的注意，以便让我认真地对待他们，这是一种公认的拙劣方式。他们太需要指导，也太渴望友谊了。但是我的反应却是像遇见瘟疫一样，唯恐避之不及。对我而言，就因为听到了一些使我感到愤怒和恐惧的话，我就放弃了倾听他们谈话的机会，这种反应是不成熟的，也对双方没有任何帮助。

在我离开那个社团之前，两位年长的教友对我说了一些明智的话。一位曾对我说，我一心追求消除贫困的工作（我曾认为自己从此就不必与那些思想狭隘的人一起工作了），最终它也得使我的思想变得狭隘起来。他说我可能也难逃人类冲突的挑战和人类的普遍弱点。事实最终证明他是正确的。

另一位教友曾说，几年以后，随着我的年龄增长我才能够处理这些问题，她还说（她的大致的意思是），"你将对人类环境越来越有耐心。" 13年过去了，我挚爱的父亲也去世了，我也经历了许多痛苦的事情,一切证明她是正确的。我明白了这样一个道理:容忍人性的弱点不是一种重要美德,而是一种力量。我也从严重的错误中汲取了许多教训,然而我却不断地重复着这些错误。最终我才明白该于何时何地为这些错误做准备,如何才能预防或改正这些错误。这也是在完成八步旅程中我们必须经历的一个阶段。

恰当的聆听——能够促使我们采取行动

几年以前我和塞斯曾经一起共事,表面上我俩之间几乎没有矛盾,我们同在一个组织内工作。但作为我的同事,他却积极地反对我的观点,阻挠我的工作。这种局面很复杂。简而言之,有两个团体同时卷入了印巴冲突,而塞斯将自己与其中一个团体视为一体;可是我却一直努力地调解两个团体之间的矛盾,所以他不想让我的工作在本组织之内占有任何突出的位置。这种现象也相当普遍,因为即使是最优秀的调解人,也极易卷入冲突之中,从而支持某一个团体。

他的这种行为给我造成了很大的伤害,也使一些极其重要的计划难以付诸实施。可是,赛斯在很多方面却表现得像一位传奇式人物。他明白我俩之间的矛盾已经产生了,就送给我一份礼物以表达他的态度。赛斯运用了八步法中的第七步——做(我今后要涉及这个话题)。他采取行动,向我亮明他的态度:他的做法不是为了表面上的利益之争。

在赛斯送给我礼物的几天之后,我们共同召开了一次会议,出席者还有另外几个人。会上,我和塞斯交换了自己的立场。我习惯于聚精会神地注视着他的眼睛,倾听他说的每一个字。他这个人异常诡诈,只有仔细地关注他的一言一行,我才能了解我们分歧的深刻原因,才能了解到他为什么反对我的工作。从他的立场上讲,他在寻找一种公正的解决方法。从真正意义上说,塞斯认为自己正在为祖国的错误行为而感到懊悔,他的祖国也曾经谴责过它所支持的团体。

现在我认为塞斯的解决方法没有任何建设性可言,也太过于一厢情愿。但是我仍然决定对他表示尊重,决定聚精会神的倾听他说话,决定尽可能地与他保持观点一致。他也做出了相应的反应。总而言之,维系我俩良好的人际关系的力量来自于我认真地倾听以及倾听所产生的效果。这些倾听的效果就是,我知道自己应该如何既反对他的观点又尽可能的支持他。赛斯的力量来自于他那些表达良好意愿的行动。这些行动表明在一些关键问题上,我俩的观点确实处于严重的对立状态,但是这些矛盾与他是否尊重我无关。他不但亮出了自己的态度,而且还让我准确无误地接受,所以我不能轻易地退缩到自怜自抑之中,也不能轻易地对之进行反击。如果被当众反驳,处在矛盾之中的人们就容易产生受辱和受挫之感,因此他们就会在某些方面质疑反驳此人的合法性,以及他的性格。但是他却总能够把矛盾限定在我们所面临的问题层面上,同时又清晰地向我表达了他的尊重,赛斯运用这种方式让我感受不到任何受挫之感。

然而,我们俩的矛盾仍然没有解决,因为这些矛盾涉及到人生哲学的差异,同时也涉及到在特定的冲突中谁是正确的,谁是谬误的等等。然而在所有的误解过后,我和赛斯都尝试着综合运用倾听和行动的方法。最后我俩的关系变得融洽起来,也把由于我们俩之间的分歧而给组织造成的伤害降低到最低程度。我认为我俩也都在进行着大量地自我反省。直到今天我才意识到,虽然我们在一些问题上依然存在分歧,但是矛盾早已经解决了。

随着时间的流逝我最终认识到,由于我们二人都在以各自的方式实践着本书所包含的各个步骤,所以我们把那些本来具有毁灭性的矛盾转化成了具有建设性的分歧。我们之所以说这些分歧是具有建设性的，是因为它们与世界上的那些不易解决的客观问题有关，因此我们必须继续争论。在实践这些步骤的过程中，我确信这些分歧不会演变成我们之间的个人恩怨，也不会引发本组织之内，或者关心我们并且一直试图给予我们帮助的人们之间的重大冲突。

倾听和情绪转移

就像其他几步一样，如果给予充分的探讨和运用，这一步也同样具有挑战性。这一步要求我们做好感情上的准备，准备真正倾听那些对手所陈述的事情，即使这些事情令我们难以接受。有些话之所以令我们难以接受，或许因为它们是针对我们的一种攻击，也可能是因为在聆听别人故事的时候，我们需要为自己的行为或自己所爱之人的行为感到歉疚。这就是为什么在实践过程中"倾听"一定要和"感受"相呼应的原因。

有一次，我曾经到巴以冲突中一位巴方人物家里拜访。他已经上了年纪，而且地位十分显赫。我将直接称呼他的名字——法立德，他曾经担任巴方谈判代表。在客厅里，他向我倾诉苦衷，说他正在寻找一条保证个人尊严、家庭尊严和巴勒斯坦人民尊严的途径，他认为这是最重要的东西。然而，如果谈判过程中的确存在真正尊严（它是现存人际关系的重要一部分），那么他们就不会失败，所有的分歧也就可能得以解决。

当我将这个观点告诉以方一位曾经和他谈判过的年轻谈判代表时，他几乎不能相信这话出自法立德之口。他认为自己十分了解这位老人，但是这位老人的话却使他感到无比震惊。首先，这位年轻的谈判代表辨称巴以之间的关系曾经与尊严有关。当然这是这位年轻谈判代表的认识。其次，他声称谈判是针对其他"复杂、最重要的分歧"展开讨论——好像对尊严的公然践踏不会构成发动战争唯一的而且是最主要的原因。

从感情上来说，真实的情况就是，法立德感到巴勒斯坦没有受到同等尊重，也没有享有人人平等的权利。对他来说，尊严就是这种局面所真正需要的，而且还是一个最重要的标尺。即使他是一位出色的律师，理性的争论、关于巴勒斯坦建国的合法性的争吵也没有在他心里留下任何深刻的烙印，可是尊严却是巴以冲突的关键。然而这位年轻的以方代表也没有为认真地倾听做好充分的思想准备，或者说他也没有为他内心产生的各种变化做好充分的思想准备。

但是，我和法立德的关系很是融洽。他向我倾诉他们家所经历的那些故事。那些故事都涉及到人格尊严，也让人感到非常尴尬。而他向我倾诉衷肠的本身就意味着他已经相当的信任我了，他相信我会聆听并听取他所说的话。由此，我感到无比的荣幸，因为信任是一个鲜有的礼物，它会在深入地倾听之后到来；我们应该像对待宝藏一样小心地守护着这份信任。

法立德也认真地聆听着我讲述那些微妙而又复杂的事件，认真地聆听我对各路演员和文化发展状况所发表的看法。我记得有一次他提到了他的斗争情况，好像我也在斗争似的。我们坐在客厅里，他坐在妻子对面。由于意识到了我俩之间的身份差异，他突然停住了，然后说，"当然你是不会同意斗争的。"我认真地看着他，马上回击道："我永远都不会不同意你斗争，但是我不会同意你的斗争方式——用暴力对待无辜之人。"他的眼睛一亮，看了一眼妻子，好像我说的话正好与他的真实想法相吻合一样，看来他们俩也在争论这个问题。我们彼此认真地倾听了对方的讲话，因此很快就找到了解决冲突的真正答案。我们不但提倡双方应该重新开始谈判，而且提倡在充分尊重人格尊严的氛围中进行谈判。

尽管战争正在进行，但是倾听使我们之间本来就十分融洽的关系更加稳固。在持续不断的暴力冲突中，我时常给他打电话，除了表达一些孤独感和关心之外，我们几乎不谈其他的问题。有时，战争中结下的深厚友谊和见面时留下的那些美好回忆正是未来生活中唯一的、涓涓不断的希望源泉。

第五章　观察——观察的艺术

第五章　观察——观察的艺术

　　观察：运用技巧去观察每一件事情，从而找出一条线索，那将会帮助我们进入他人的世界，特别是对手的世界。

　　在人与人交往的关键时刻，我们仅靠倾听还是不够的。大多数冲突的真相以及关系破裂的蛛丝马迹也是不能够说清楚的，但很可能会由于不经意的一瞥而被我们注意到。观察，正是要利用这种认识，制定一套全新的交际方案，从而使人际关系更加和谐。这必然要求我们学会一些技巧。例如，起辅助作用的肢体语言、面部表情，以及仔细观察那些暗示着社会变化的动力等等。认真观察周围人的生活细节就像按下了电视的静音按钮。你能看到一对夫妻之间真实的状况，家长的口不择言给孩子造成的伤害；你能透过房间而从人们脸上羞辱的表情看出他遭到怎样的非议。观察就是指探查与冲突的对方之间那些没有说明，但是又需要我们了解的一切，对我们来说它的确是一个挑战。

　　几年前，我送女儿去托儿所，但是她却十分不情愿去那里。因为她对打架异常敏感，所以当她看到有人打架时，经常被吓呆。即使她不参与，也会一时间看起来非常沮丧，甚至似乎其他孩子的哭闹也深深地影响到了她。我观察了几次以后，开始注意观察一些孩子们的哭闹对其他孩子所产生的微妙影响。

我们对露蒂的状况十分关注，不是因为我们认为她犯了什么错误，而是因为像这种年纪的她，就过早地感受到周围环境中那些细微的问题。这种敏感在儿童中很是少见。在养儿育女的过程中，人们常常犯的重要错误是，我们总认为这么小的孩子基本上不具备表达能力，也没有时空概念，因此他们不明白周围正在发生的事情。然而恰恰相反，他们能够理解人际交往中的细微问题和矛盾，他们的感受力往往要比那些无视事情动态发展的成年人还要强很多。

为了深入地探讨这种情况，某一天我决定到那个托儿所的活动场地去看看。我所看到的是，老师们在围成圈站着，满脸的不愉快，和我预期的基本一致，孩子们则四下里乱跑。一大帮男孩满场飞跑，女孩们大都凑成几个小组，一块儿玩耍，当然也有的和男生一起玩耍。

一个男孩号啕大哭起来，露蒂目不转睛地盯着他，然而老师们却对此视而不见。他们为什么会如此冷漠？这有点令人费解。或许他是个爱哭的孩子吧！露蒂注视着这一切，然后蜷坐在一位老师的腿上。老师很温柔、优雅地把她拦在怀里。然而她却对操场上的景象束手无策，茫然的盯着它发愣。

那帮男孩十分惹人注目，他们所到之处，哭泣的孩子马上就停止了哭泣。特别是还有一个孩子总是趁老师不注意的时候，把别的孩子推倒。孩子们的哭声、吵闹声响成一片。围观的有大人，也包括孩子，全都迷茫地站着，没有一个人感觉到快乐。这场景实在令人吃惊。

在我的工作领域内，每当看到无论是和冲突还是与和谐相关的情形时，我都会把它和上千种经验联系起来。最后我总会退一步自问，"究竟出了什么事？"如果那千余种经验遮住了我们的眼睛，我们就绝不可能看清楚事实的真相，所以在做出结论之前，我们必须对以前所看到的情节抽丝剥茧，进行处理。

当我回忆在托儿所见到的那一幕幕情形时，我首先想到的是，我是否还遗漏了什么细节：没有责骂，没人发脾气，成年人也没有不当的行为，但是有些东西的确没有被发现——老师们任由混乱继续而不加任何管制和约束。

这仅仅是最初的印象。如果我想得出结论，还需要花费大量的时间和耐心。我记得在大厅里看到一些家长、管理者和老师以及孩子正在谈话，而且我也听到一些。我有一个习惯，那就是仔细观察别人悬挂在墙上的物品，这对于我们了解一个学校尤为重要。墙壁上悬挂的图片所传达的教育信息直观地表现了教育者对孩子们的期望。在某种程度上说，这也是学校管理者希望让家长看到的。学校通过这些宣传对消费者产生了吸引力。因为，学校也是买卖的场所：家长购买教育，学校管理者和教师出售教育。学校在墙壁上选择什么样的内容并把它强调出来，或者说，学校还有哪些不具备的方面，家长们一目了然。

大多数学校都有突出其所传授知识的标语牌，如基础数学和阅读技巧，还悬挂一些宣传其价值观念的宣传画。我记得在另一所学校见过一张宣传标语，上面写着"态度决定一切"，还附着一幅两个孩子击掌问候的图画。而在这间托儿所里，几乎所有的宣传画都与强调智力以及应学的知识有关。结合我在操场上所感受到的氛围，我对女儿及其同学的境遇了解了很多。

人们对一个机构、公司的领导，或者家长的言行究竟了解多少呢？我对此非常感兴趣。有一间托儿所，就是露蒂去的第一个，是由一位令人叹服的年轻女性领导的。她太年轻了，想必也就二十几岁。从长相上看，也就和我教的大学生差不多。但是，她是那么坚强，那么从容。与她一起走出大厅时，我感觉自己完全被某个人控制着。她能叫出每个孩子的名字，她四处转悠，察看学校的情况，顺手整理整理这儿，整理整理那儿。她表现得镇静、威严和富有爱心，一下子就让人感觉到学校就在她的运筹帷幄之中。然而在这间托儿所，我几乎看不到管理者在走廊里出现。走廊里堆满了孩子们的背包；如果人们想穿过去，还真得费点劲儿。这就是说，学校的管理还不到位。

我认为这间托儿所缺少一种良好的风气。风气是指某个集体的特定精神，是为人们的生存指明方向的路标。它是一种职责，是一系列道德准则和价值观念，被该集体热情地接受，并体现了该集体的本质精神特征。通过站在第三者的立场上观察，我得出一个结论：露蒂之所以不愿去那个托儿所，是因为它不像是一所学校，而更像是一个行政部门，它没有足够的伦理道德基础。我并不是说管理者不是好人或者不称职，而是说她不能完成管理者的自我超越，所以也就不能成为一名领导者。这一切都在整个环境中的细微之处反映出来了。

如果领导不能为学校的发展制定正确的方向，那么她就丧失了使老师为孩子们创造、保持一个快乐环境的基础。本来根据事情的前因后果就能顺利解决的纠纷演化成了冲突和威吓，造成了权力过度集中、死水一潭的现实。这样，每个人都不会过得很糟，但是绝对不会活跃，也不会感到快乐。在其他成功经营的托儿所里，我见到孩子们快乐地欢呼着，高叫着，然而在这里我却发现不了。

需要强调一下，如果我仅仅凭着粗略的观察就得出绝对的结论，也不把这些结论和相关知识结合起来，那么我对该托儿所的印象就是有趣的，但却是幼稚的。我们如果想了解什么是错误的，什么是需要改进的，其中重要的一步就是观察。但是，如果没有与其他几个步骤协调起来的话，这种观察只能导致不公正的结论产生。观察尤其应该和前一阶段的倾听结合起来，正是由于把观察和其他几步结合起来处理矛盾，我们才能够保证在糟糕的处境中所做出的结论的客观性，才能够明白什么事情是错误的，什么事情是需要修正的。

观察优秀的领导

　　领导权威是指人们从他（她）的辖区内的氛围中可以看出其个性中那些有效的东西。如果一间托儿所、一个集体或者一个商业中心很受大众欢迎，但就是稍稍有点组织混乱，那么领导人很可能便是如此。如果它效率很高但是却缺乏活力，很可能是因为领导人让人感到压抑，而且不与员工共享她所营造的这个环境。

　　由于几次搬家的原因，我的两个女儿（露蒂和莱西）都换过多家托儿所和学校。在其他几家托儿所里，我几乎一到门口就能感受到极好的气氛。给我印象最深的是成年人看到每个孩子时所表现出的那份由衷的喜悦。对于每个孩子而言，即使他们走过大厅也是一件大事，因为他/她会听到无数次热情的问候。我明白，其中有一种价值体系在发挥着作用，它为所有的人际关系确定了基调。

　　在露蒂的第一家托儿所里，她们班上有一位经常打人的女孩。我认为她在家里可能遇到了问题，但我不清楚真实的情况。还有一位老师，对孩子有点儿粗暴，经常大声斥责他们。没有一所学校是完美的，不论哪个孩子都会遇到挑战。但是令人感到奇怪的是，这一切都改变不了学校的风气。学校的道德准则和气氛是完美的，而正是学校的领导使这一切得到了保证。

集体中的良性关系与破坏性矛盾

　　观察不仅适用于托儿所，也是融入各种集体生活的重要途径。不管我们是在集体中如鱼得水，还是偶尔陷入冲突与矛盾之中，一切都取决于我们的观察能力。我记得在旅行时参观过一个犹太人的集会。在周六下午的欢庆宴会上，当我正好奇地四处张望时，突然一个人将一瓶苏打水泼向另外一个人，什么预先征兆也没有。

泼水的人满脸通红,显然很是愤怒。在此之前,当我第一次见到这个人时,我就觉得他似乎永远处于愤怒状态。他很少笑,他的孩子也同样呆板,而且非常惧怕他。

令人奇怪的是这件事并没有引起斗殴或者报复。不一会儿,他们就和其他成员一道儿在同一个房间内参加了晚间祈祷,没有人脱离这个选定的祈祷团体,他们相互之间也没有道歉。等祈祷时间一到,一切照常进行。

我目睹了整个事件的发展过程。于是我就想,"这究竟是怎么回事?"一方面,仅仅三言两语泄愤的话所产生的分歧如何会导致一个人公开受辱?另一方面,怎么没有引起暴力逐步升级呢?看似这一切被晚间祈祷打断了,但是祈祷怎么会阻止这类事件呢?有许多问题我依然找不到答案。

我可以从许多角度观察和了解这件事,但是很多事情还不明了。格雷,就是那个泼汽水的人,表现出很忧虑的样子,或许他是对生活状况不满,或许是不满足于自己在该集体中的处境,抑或两者兼而有之。从他和孩子的关系上可以看出,他的问题已经积累很多了,而且都很难解决。后来我又了解到,在生意上格雷和其他人之间也存在着难以调解的纠纷,其中就包括那个被泼苏打水的人,他尤其爱宣扬格雷的这些事情。这证明正是那些冷嘲热讽的闲言碎语导致了泼水事件,这些闲话应该和格雷生意失败和欠债有关。

据我了解,当修养遭遇到诚实的语言沟通或者各种妥协技巧时,它往往处于下风。然而,就修养和现存的(社会/宗教的)道德规范的关系而言,它却处于明显的优势地位。我们通常认为僵化的宗教仪式会使人的思想变得狭隘,导致良好的人际关系恶化;但是这种认识有时是错误的,集体宗教仪式的积极一面仍然没有得到承认。正如我前面所提到的,冲突最大的危险在于双方都上瘾,宛如在演戏一般。矛盾不断加剧,冲突不断升级,进而双方的关系越来越紧张，最后双方都采取暴力行为，转而又引发新一轮的、更激烈的报复行动。

在这种形势下，宗教仪式和不断的祈祷不但防止了对方陷入所谓的以牙还牙的冲突之中，防止了冲突的不断升级，而且还促使双方在一起祈祷了几分钟。它的效果就是阻止了在举行宗教仪式中发生暴力行为。换言之，集体祈祷的一幕取代了暴力的一幕，因为在集体生活中谁也离不开谁。

集体宗教仪式迫使他们俩表现出斯斯文文的样子，迫使他们俩表现得有分有寸，从而阻止了暴力升级。这在人际关系中并非是小事一桩。有时候，集体行为规范的压力、道德传统的压力以及宗教仪式的压力都是解决冲突的手段。

我们明白，即使我们对某个人怀恨在心，如果我们是集体或家庭中的一员，我们就应该珍惜让我们团聚在一起的宗教活动，不管是唱歌、祈祷、游戏、运动，还是理事会议或宴会。当我们与某人发生矛盾时，这些活动就显得尤为重要了。宗教活动本身不会解决任何问题，但是它会提醒我们应当注意集体或家庭的基本行为准则。当然，如果领导或家长强迫人们参与这些宗教活动，就会使有些人产生搞破坏的想法。尽管在此过程中我们可能会遇到一些困难，但是此时，我们应该明白，问题的关键在于如何使它获得群众的广泛拥护。我会在下面的章节中继续探讨这个问题。

超越第一印象的观察

糟糕的第一印象可能会导致冲突和仇恨，那么消除第一印象的重要途径就是，我们需要努力地从第三者的立场观察整个事态的发展。例如，我在公开报告会上认识了一位社会科学专家，罗宾逊博士。他在和同事们的交往过程中遇到了问题，因为每次参加学术交流时，一切会议议程都得遵照他的思路开展，而且每种理论都要和他的理论有关联。

有一次我和罗宾逊博士一起出席了报告会。瓦科夫斯基博士做了主题发言，陈述了许多观点，尽管他的观点显然与罗宾逊的观点不同，但是我认为这个人的确很有才华。于是罗宾逊对瓦科夫斯基理论进行反驳，而且明显地带有敌意。我深为罗宾逊的反应担忧，不太尊重瓦科夫斯基也就罢了，他居然还在公众场合羞辱了他。我对此感到很气愤，因为在大庭广众之下公然羞辱一个人的行为深深地刺痛了我的神经；恰好也因为我更倾向于瓦科夫斯基的观点。我决定进一步探究这个问题。为了了解更多的情况，我每次遇到罗宾逊时，都会约他进行试探性的谈话。但是事实表明我太急于切入话题，却忽视了观察。比如，我随口提出一些类似瓦科夫斯基观点的话题，罗宾逊就露出猜疑的神情，很显然他开始疏远我了。像他这样有如此成就的人怎么会如此轻易地被一点儿微小的观点偏差所吓倒呢，尤其他还是到了晚年！我确实弄不明白。

我想我应该结束这种谈话，像从前一样，进行观察。通常话说多了，我们就忽视了观察。我开始留心观察他在一些会议中的表现，仔细倾听他演讲，观察他对其他讲演者的评论以及他所提出的问题。我一次又一次地反复揣摩我们每次见面的所见所闻，并进行分析整理，然后推出结论。我终于明白了那些另人难以理解的事情。

虽然瓦科夫斯基也几近退休年龄，但是他比罗宾逊年轻而又健康；虽然罗宾逊在一个更有声望的单位供职，拥有更多的财富，但是任何财富都换不回那已经逝去的青春和享誉世界的声名。令我感兴趣的是，他的生活恐惧症最近还没有痊愈；而且尽管他声名显赫，但是一家重要刊物却拒绝刊登他的一篇文章，反而选择了瓦科夫斯基及其同事的文章。其实这是合情合理的。

我猜想罗宾逊博士一定会追问他人生意义何在。对他而言，每个与他学术立场不同的声明都是对他毕生工作价值的攻击，然

第五章　观察——观察的艺术

而他自己也并不知道为何自疑。为了和罗宾逊搞好关系,避免再次碰壁,的确有些东西值得我研究一下。他这个人也的确需要做一次反省。但是对我而言,至少通过这些步骤的观察和研究,我能够使我俩之间的矛盾降到最低程度。

为了和罗宾逊搞好关系,以后不论在任何场合我和同事们都破例对他的一生和贡献一律进行肯定,凡事不与他争论,真诚地接纳他。我们给予他超乎寻常的尊重,因为我们明白只有做到这些,才能够与他平心静气地讨论,他保持良好的工作关系。

在最近的交往过程中,我着意对这个给予肯定,特别是通过一些提问,积极的聆听他讲话,甚至调动我的身体语言来表示对他的尊重。结果我收到了奇佳的成效,我们的关系也不断改善。所以说,在我们接触成功人士时,看到的往往是他们成功的地方,然而他们自己注意的却是失败的一面。这就提醒我们需要全面地观察一个人,在交谈中我们才能进行深层次的交流互动。

观察见面时的情节

冲突愈是紧张,就愈是富有戏剧性,观察能力就愈显得重要。我们要想从毁灭性冲突中全身而退,进行细致的观察是十分必要的。在整个旅行过程中,我和同事莱安不断地奔波于各种事件现场。最不寻常的一次是处理巴勒斯坦和以色列牧师之间的关系,双方都卷入了巴以冲突,而且双方都有政府和军事首脑作靠山。政府领导曾经把这件事情搞得非常糟糕,以至于双方都找不到共存的途径,其他政府的调停也均以失败告终,因此此次交流的目的是想利用文化和宗教资源和平解决这场冲突。

世界上有很多冲突,当其他方法都不奏效时,往往是宗教人士给敌对双方架起沟通的桥梁。不管在战争中结下的友谊是否在最后问题分析中发挥作用,我和莱安以及许多朋友一直都在为促进双方在最基本的精神层面上的相互交流进而发展友谊而努力。

同时，我们希望和那些乐意与他人和平相处的人打交道，尤其乐意与那些道德情操高尚的人打交道。

在与别人交往的过程中，给我印象最深的是一位伊斯兰教的巴勒斯坦官员。艾布拉希姆上校与众不同之处在于他不像其他政治和军事领导人那样位高权重，他既诚实又正派，因此在该地区享有很高的声望。由于经常听到他的名字，我急切地希望与他会面。

在这种环境中会面是很复杂的事情，也有很多事情难以预料。牧师安排我们在耶路撒冷的一个平民旅馆里会面，会谈的主题是探讨运用宗教和文化力量化解两地冲突的可行性方案。艾布拉希姆上校一直以来对此给予了极大的支持。会面安排在2000年两地战争爆发之前，那时双方的关系就已经十分紧张了。当我走进宾馆的大厅，向牧师询问了有关会谈事宜后，突然感到有点儿紧张。

由于没有预订房间，我们只能在大厅里会面。那里四处散放着几套长椅，虽然空间很大，但是绝对不适合谈论私事。在光天化日之下，让一位巴勒斯坦主要军事领导人带着随从与一位身着不同民族服装的牧师一起坐在以色列的民用宾馆里，而且此行的目的是会见美国的访问者——我和莱安，这种场面无论如何都不合时宜。我们决定把椅子拽到一起，沿着大厅围成一圈。"非凡的场面"这个词立即出现在我的脑海里。在上校到来之前，我感到十分郁闷；当他一到，我就立即观察他的反应，显然他也特别不自在。但是我们还是坐了下来。

上校是一位杰出的中东人，我立刻就被他那微笑的双眼深深地打动了。他的翻译机警的注视着周围的一切。他们都没穿制服，我想那是为了遵守巴以协定之故吧。会谈开始了，一切进展也还顺利。但是不久之后，很显然旅馆里愈来愈多的人开始注意我们，并且许多过往的行人都面露愠色。大约过了45分钟，我们周围出现了许多带着耳机的以色列便衣特务。这位上校愈发显得不自然,于是我们礼貌地结束了这次会谈。

我和莱安花了几小时才将所看到的每个细节回想了一遍。在这种场合中,我们往往沉迷于对话本身,专注于交流的言词和观点,却忘记了所看到的一切,尤其是受过高等教育的人更容易忽略这些细节。我们根据观察而不是传言得出一个结论:上校的名誉已经处于危险的境地了,甚至他的人身安全也面临着威胁。不讲诚信,必定引发敌对双方的冲突,可见诚信是一个重要的因素。在这种环境之下,他来到耶路撒冷和我们见面,注定要受到非议和怀疑。那里没有密室,没有茶水,更没有宴会,只有容易遭人攻击的氛围。当然没有人故意这么做,只是由于缺少周详的计划,由于资源匮乏,也由于缺少合作的经验和远见卓识,才导致这种情况发生。但是我们早该想到这个脆弱的环节,事先预计到所有可能要发生的事情并作出相应的计划调整。尽管我没有负责选择会场,但仍觉得自己像一个初次调解矛盾的新手一样,愚蠢至极。我最不愿意让人说我们不讲信义,但巧合的是这种情况最后还是发生了。由此我们意识到,赢得名誉和尊严是一种罕见的经历,更是一种罕见的回报。

我和莱安决定采取进一步行动,以一种他应得的方式来表达我们对这位上校诚挚的敬意。他曾经多次邀请我们到巴勒斯坦的加沙城总部做客,但是因为时间(这样会占用我们和其他人会面的时间)和安全问题,我们都没有去成。后来,我们认为确实值得取消其他的会面去冒一次险,因为这个人的确与其他政客和军事要员不同,他的素质更高一些,而其他人带给双方的则只是太多的暴力冲突。我们需要不惜一切代价维系这种联系。

我不能让宾馆大厅的一幕再次发生,致使这次见面成为我们最后的会晤。关于大厅会面一事,我的直觉和莱安的竟然是惊人的一致,无论从好的方面还是从坏的方面,我们的看法几乎相同。

当我们着手解决冲突时，如果从第三方的角度观察整个事态的发展，我们就会和别人达成难以置信的默契。观察不仅是一种锻炼、一次训练，也是对一个难题的破译。当然，我们和同事们经常会观察到不同的事物，但是如果大家在一起探讨，就一定能够达成默契。

几天以后，我们克服了重重困难，最后到达了加沙城。当我们到达上校的总部时，他和助手们出来欢迎我们，并对我们的到来给与极大的赞赏。他们用丰盛的蔬菜沙拉和中东佳肴盛情地款待了我们。那天，虽然由于宗教的原因上校必须禁食，但他还是坐在那里陪着我们。这本身就说明他对我们热情款待的标准之高非同寻常。在其他任何地方，我都从未受到过如此礼遇，何况这是在巴勒斯坦军事总部，简直太不可思议了！

战争是人类的破坏性经历，它影响着千百万人的生活，其中掺杂着最异乎寻常的矛盾。我从中学会了与矛盾共存，且尽量和那些富有远见的人坦诚相待，接受他们的善良。如果不通过观察，我怎么能够做得到呢？观察要求我们对每个情节进行重新审视，只有把先前所有的假设都暂时沉淀一下，才能对眼前所发生的事情做出准确地判断，这对转变双方敌对的观点也是必不可少的。只有这样，我们才能够真诚地对待他人，应对各种各样的情况。如果我们总是在固有的观念中打转，这种情形就永远不可能发生。

通过加沙的访问，我和莱安都意识到在耶路撒冷会谈中的观察是何等的正确。上校对上次会面没有任何怨言，在我们试探他对那件事情的看法时，他也只是含糊地一笑了之。如果我们不运用观察技巧的话，我们就永远不会知道如果想要修复这种关系，我们还需要做些什么。观察旨在预防冲突带来的灾难，治愈已经产生的伤害。正是观察使我们的关系维持至今，并对我们的工作发挥着关键性的作用。

睁大眼睛，认清对手

我们从这些经历中获得的经验是，应该睁大眼睛，看清我们的对手，而且不能带有任何偏见。毁灭性冲突的方方面面都源于我们盲目行事。我们经常只顾着沉浸在自己的世界里，所以意识不到在某一时刻我们对他人的影响，或者意识不到其他人正在经历的一切。如果没有经过训练，我们通常会对他人的遭遇视而不见。这就要求我们集中精力观察一系列事件，观察一件事或者一次遭遇是如何引发出另外一系列事件的。

这种观察艺术的训练会让我们懂得如何追溯冲突的根源（冲突的最初阶段和最细微的伤害）。正是通过观察研究伤害行为的最初状态，才能够使我们明白需要做哪些预防性的事情，才能在第一时间预防冲突的发生。这就是不掺杂感情因素的回忆在观察中所起到的重要辅助作用。我用"不掺杂感情因素（dispassionate）"这个词指人们经常通过回忆加强自己的伤痛、偏见和愤怒。"你知道那个家伙是怎么摆布我的吗？他给我的那些随口建议并不是为了我好，而是为了摆布我。我得好好想想他过去是如何摆布我的。"这样，记忆就变成了仅仅支持冲突的因素。如果在观察之前就采取解决问题的措施，那么不掺杂感情的记忆就会发挥完全不同的作用。如果我们打算进行真正的观察，那么就要记住所经历的详细情节，重新思考我们究竟把哪件事情搞糟了。我们要努力回忆所有的遭遇，尤其是自己发挥重要作用的那些遭遇。一遍又一遍地检查每个细节的确需要花费时间和耐心，但更需要我们主动地去做，当然，最终收到的效果也是相当显著的。当我们能够准确地回忆起对手所说的第一句伤害性的话时，所做的第一件伤害性的事情的时候，当别人反常地对待我们反而好像我们做错了什么事情的时候，这种方法会使我们对冲突原因的理解更加深刻。

回忆那些有积极意义的会晤的详情同样重要，例如，当别人对我们表示友好时，我们会感到快乐，这时我们就有机会使融洽的关系更进一步。专心观察有积极意义的会晤会使我们在生活中创造更多富有意义的会面机会。

潜在的因素可能导致严重冲突

有时候，对手清楚他们需要什么，但是我们依然要留心在他们的怨恨和不满背后是否还存在其他未被言明的要求。有时，对手会提出一些我们不能接受的解决方法，实际上，在仔细研究他们的解决方案之后，我们就会发现那些未被言明的期望和要求。概括地讲，从研究中我们得知，在如此复杂的情况下必须留心两件事：一、观察什么。二、怎样观察。

观察什么：留心人们彼此之间的内心反应。当他们跟我们说话时，目光会游离吗？会摒住呼吸吗？有没有人一开始显得挺热情，后来又无缘无故的冷淡了呢？我们之间究竟发生了什么事情？当我们步入一个房间，谁迎向我们而谁在躲避？他们是故意避开还是由于心不在焉而没有注意到我们的到来？怎样区别他们是否是故意的？这样我们就设计了一个和对手会面的平台。我们的对手对环境作何反应？为什么？我们从刚才的观察中了解到了什么？在没有对手，只有朋友的情况下，我们能够调节好观察的能力吗？这样我们就会注意到一些隐含的问题。当我们碰到新面孔时，可能就需要这样的观察。当你将其和其他八个步骤结合起来进行观察时，会晤就会更加成功。

怎样观察

所有这八个步骤都是教导大家了解采取何种积极的措施才能使生活变得更加美好，怎样才能预防关系破裂，弥补那些已经受到损害的人际关系。莱斯•万德波尔博士是一位心理学家，也是大屠杀的幸存者。他写了大量有关达观的人生态度的文章，这是能够从最恶劣的境况中脱身的人至关重要的特点。有些人无论童年的经历和环境多么悲惨，他们都能够运用观察去评估环境，能够在他们的关系网中挣扎，这种能力是不可思议的。

　　我深信这样的人能够自如地应用他们的感官，这就是我把八个步骤重点放在人的感官上的原因之一。首先，达观的人往往能够采取果断的行动。采取果断的行动需要倾听和观察，这是十分关键的。这就要求人们重新运用感觉构建良好的人际关系。有些人观察世界时带着绝望，有些人为了了解世界和有所作为而观察世界。这并不是说诗人眼中人类的生存状态的悲剧起到误导作用，也不是说我们应从世界的苦难中转移视线，只是说，如果我们将来能够幸福快乐的话，如果我们具有达观的人生态度，无论作为个体还是社会的一分子，无论何时何地，只要我们有能力，就应该调动感官，如观察力、判断力等，我们应该充分发挥它们的作用来解决冲突。

第六章　想象——畅想未来

> 想象：从冲突之网中挣脱出来，后退一步，憧憬一下那些可以彻底改变生活和改善人际关系的途径。

很少有人把想象作为一种可以解决冲突和获得快乐的方法。就像在童话里或者娱乐中需要运用想象一样，我们仍然需要运用想象驰骋于那些不太重要的人类经历之中。因此如果运用得当，它就能够保证我们生活幸福；如果运用不恰当，它就会导致痛苦。

无论我们什么时候运用想象的力量解决冲突都不算太晚。像前三章描述的那样，在反省了自己并仔细研究过别人及我们周围环境之后，就可以放飞想象，寻找解决的方法了。而在此之前，这些方法似乎是不能被接受的。例如，美国历史上最古老也最有破坏性的冲突之一是和罪恶的奴隶制密切相关的。然而，为了治愈在那段可怕的岁月中产生的伤口，抹平战争留下的创伤，以及为了与接踵而至的不公平作斗争，我们需要做的事情还有很多。但是用想象来愈合伤口是可行的，也确实已经有人开始行动了，这看上去有点小方法能导致大不同的意味。

想象疗法

威廉斯堡、弗吉尼亚殖民地的居民提供了反映殖民地生活的美妙舞台,他们让演员穿上过去的服装再现早期定居者的日常生活。这个旅游景点深受美国人欢迎,每年数以万计的美国人来到这里观光旅游。但是在1999年,有人做出一个有争议的决定,他们要在那里再现当年奴隶贸易的真实情景。起初,一些团体认为此项计划会侮辱非裔黑人,并以此为由大加反对。不久,事实表明,再现奴隶贸易成了黑人和白人宣泄情绪的导泄剂。人们在扮演奴隶贩子和奴隶主的演员身后尖叫,在饰演废奴主义者的演员身后搞群众集会,好像回到了从前,挑战那个时代的罪恶一样。他们的确拥有了这样的机会。

我自己也参加过里士满的游行,那里划定的游行路线是奴隶们曾经被迫走过的道路。游行还包括参观一些骇人听闻的奴隶居住区,在那里奴隶们被迫忍受着苦难。在游行中,有超过50个国家的人参加,有美国人、国外的游客、白人和黑人、犹太人、南方人和北方人、基督徒,还有许多里士满当地及其附近的居民。这真是一次国际大游行。我们走进了奴隶们居住的马厩,见到了他们戴过的手铐、脚镣——那是一个既令人感到十分痛苦又为之动容的时刻。以白人的身份参加这种活动是一种体验,而以黑人的身份则是另外一种体验。但是白人和黑人一起参加,意义就更加重大了。

在全世界调解冲突的工作中,当我看到受害人的后代和别人一起参观祖先受苦的地方时,他们通常会以不同的形式重新想象和体会那段悲惨的记忆。在那种情况下,非裔美国黑人会感到他们曾经被隔离的痛苦终于被世人所了解了,终于得到承认了。受到的伤害已经人人皆知,他们大可不必再背起被疏离、被侮辱和焦虑的包袱了。同时,白人则感到他们的良心可以稍稍得到安慰,因为同别人一道再次体验这些情景能够缓解他们隐藏在内心深处的负罪感。

当每个人满怀敬意地想象过去的情景,重新构建现在的人际关系时，整个团队在一起解决冲突的力量会自动地敦促每个人去设想一个完全不同的未来。想象使我们明白使奴役弗吉尼亚的计划是如何在威廉斯堡得以实现的，使我们知道了奴隶制如何在里士满得以实行的，还使我们懂得了如何评估奴隶制的影响。看来想象的作用真是非同寻常。这是利用我们想象的一个实例，即使是想象我们悲惨的过去，也都是为了在现在或者将来创造人际关系中良好的、有积极作用的变化。

就想象这一步来说，我们应该问问自己，我们生活中最大的希望是什么，我们最想解决的冲突是什么，我们怎样在别人甚至是自己对手的帮助下解决困难？我们敢于梦想什么样的未来？为了使梦想变为现实，我们必须和谁合作？

让我们暂时再回到奴隶们游行的这个话题上，我能够回忆起那个令人难以置信的场面，就像昨天刚刚发生的一样。在游行接近尾声时，游行的人们把成千上万支鲜花放在奴隶们到达里士满时所经过的码头边上。几百位白人和黑人站在高高的詹姆士河床上，默默地看着鲜花慢慢飘去，如同在海边举行葬礼一样。通过回忆过去，我们为那些从非洲而来，但是还没有到达这个港口就中途死去的人感到悲哀，也为那些虽然曾从这里走过，但是却步入了（不是自己酿成的）无情的现实中，过着非人生活的人感到悲哀。

这次意义深远的经历给我们向解决冲突的最后一步（表达观点）迈进创造了条件。我记得曾看见一个上了年纪、驼背的南方白人妇女在聚集的人群前面站了起来，走向麦克风，讲述她小时候是如何被抚养成人的故事。她的声音很小，几乎听不见。当她说到"农场"这个词时，声音中断了，便开始抽泣起来。所有的人都惊讶地坐在那儿，但是一位中年黑人女士站了起来，向话筒走去，拥抱了这位老人。那天在那儿的人谁也不会忘记那两个妇女的一举一动。

有时候,一个这样的时刻竟然能够和我们全体人的梦想、记忆及对现实的理解发生这么大的联系,这真是难以想象。要不是亲眼看到年轻的黑人妇女拥抱并安慰那个年长的白人妇女的场面,我是不会想到南美的奴隶制的。历史真是倒转了!这两个南方勇敢的妇女的品德是多么高尚啊!如果掀开人类的历史,一切都让人感到多么惊奇和可怕啊!

这个时刻说明在解决和调解冲突中应该勇敢运用想象的力量。如果游行的组织者没有想象到奴隶们游行的情景,那么这些有改善作用的人际交往就不会发生;如果这两个人中任何一位没有勇气在话筒前设想自己的经历,我们的记忆中就不会有这两个勇敢的妇女的烙印。

罗伯·科尔克兰是这项具有非凡意义的活动的组织者之一,他使里士满的本坎普贝尔由于上演了白人和黑人一起重走奴隶之路这一幕而闻名。在人们想象玛格丽特·帕尔莫的处境过程中,献花仪式开始了。一次大胆的想象演出之后,一连串的想象演出就像瀑布一样,层出不穷。所有这些演出都旨在调节里士满人的心态。罗伯对我说,"游行打破了沉默,仿佛人们把历史的重负都释放出来了。它使我们自由的讲话,并且开始对话。"通过许多人的努力,梦想变成了现实。

如果没有想象,就不可能有解决最大冲突的方法。我们的生活就不可能有实质性的提高。如果认真地、建设性地运用想象,问题就能够得到解决。关键是我们需要从对自己和对方的预先假设的观念中挣脱出来。这样,我们就能找到一个远离毁灭性冲突的新方法,找到一个大家共处的新途径。

没有想象是不行的

想象力就像其他潜能一样,它产生的结果可能是建设性的,也可能是破坏性的。首先,如果我们不承认这个悖论,我们就不能治愈冲突留下的伤口。当想象作为一种消除生活压力的方法或者从各个有利的角度研究生活的创造性方法时，它创造的世界和现实有两个，或者是幸福的，或者是不幸的；这时，想象是有益的，或者说仅仅是无害的。即便对于孩子来说，想象一下他们将来从事何种职业也是十分有益的。在玩耍时，孩子想象自己将成为教师、学生、医生、兽医或其他职业角色，这也是有益处的。有一天，我那个4岁的孩子对我说，他长大后要成为一个驯狗师。我的回答是"太棒了"。

如果我们为了实现自己的梦想却要求别人以特定的方式生存，想象就会招来麻烦。我们可以把家庭中的每个成员想象成他们正是我们需要的那种人。在我们工作的地方，甚至是在我们生活的城市和国家也需要这么做。政治野心给人以种种幻想，它表面上看起来很崇高，但是它却导致了无休止的流血牺牲，因为没有人认同这种幻想，它没有和大家认同的未来相结合。例如，许多宗教幻想看起来非常美好，但是当他们与政治和军事控制相结合时，就变成了悲剧性的梦魇，而不再是神圣的梦想了。

这些不负道德责任的幻想将会不可避免地导致对他人的伤害。那并不是说我们人类没有权利或责任想象自己将会居住在一个更加美好、政治更加清明的社会。在这方面，想象是人类自由的核心部分。但是我们必须认识到在想象的世界里，如果人人找不到一种平等参与社会生活的途径，找不到一条使人和梦想保持距离的途径，或者找不到一条创造自己的梦想的途径，真正的痛苦就产生了。

例如，共产主义或多或少是建立在平等享有财产、摆脱贫富不均的非正义之社会的梦想之上的。但是在俄国极端主义者手里，治疗最终证明比疾病本身更糟糕。几十年来，这些极端主义者打着平等的名义，残酷地虐待几百万人民，使无尽的杀戮和盗窃合法化。在中世纪时期，当残忍的极端主义者把成千上万的人民的

第六章　想象——畅想未来

宗教信仰视为异端邪说，打着通过拷打他们的肉体来净化灵魂的幌子，对他们进行拷打折磨；当他们把这一切合法化的时候，关于灵魂不朽的美好宗教观念就变成了噩梦。人人平等只是一个美丽的梦想，灵魂不朽也是美好的想法。但是当这些梦想融入不宽容的世界观，当行为道德的限制遭到摒弃时，她们就变成了可怕的梦魇。

当我们受到恐惧威胁的时候，想象也能引起麻烦，这是想象引发矛盾的又一个途径。我们惧怕对手，因为我们害怕他们做出对己不利的事情。如果我们不能保护自己，就会想象最坏的事情可能发生。随后我们就会进入战争状态，采取的每一步措施都是为了保护自己，抵御未来的攻击。如果一些恐惧以过去的事实为依据，那么它可能就是合情合理的；但是某些恐惧却建立在我们不合理的想象基础之上。例如，毫无疑问，美国现在面临着非常危险的敌人，这些敌人渴望杀死平民；但是，如果我们希望区分想象的作用是建设性的还是破坏性的，9·11事件却毫无帮助。我们最坏的噩梦已经出现了，更大的噩梦也隐隐约约出现了。我们经常观看有关恐怖战争的电视节目，最终导致我们总是想象最坏的事情。在这种形势下，我们必须尽量不让想象中最黑暗的部分淹没其他的能力，比如自我反省的能力，观察、倾听、从周围环境中学习的能力。

还有一些能够使想象引发冲突的途径。人们把太多的希望寄托在梦想身上，如果这些梦想不能实现，就会感到沮丧，甚至感到痛苦。通过观察孩子的行为，我们可以从中看出这一点。我总是对自己孩子失望和希望的动因感到好奇。如果我们没有说将于某一天到动物园去游玩，他们不可能自己提出来。但是如果我们提起了这件事，并且为此作了计划，但是由于某些原因而没有去成，不管原因如何合理，他们都会作出强烈的抗议。他们失望透顶，就像他们的生活就要结束了一样。我们成年人懂得抑制自己的愤怒情绪，但是孩子们的行为方式却使我们明白，在自己的内心世界里正在发生着什么事情。小孩子们极其讨厌梦想破灭。如果先在他们可爱的脑袋瓜里植入动物园的景象，但计划好了却没有去成，那么他们彻底失望的程度足足可以和意外的惊喜相提并论，甚至远胜于意外的狂喜。这正和许多成年人内心的失望一样，要不是把它深深地压抑在心底，他会以某种形式爆发出来，爆发的方式既令别人吃惊，也令自己吃惊。

希望是美好想象的标志，但是当人们获得了希望却又不能实现时，那种破坏性会使失望的伤口很难愈合。试图解决他人的困难是最危险的事情之一，因为在政治调解过程中，给与希望是关键的一步。当给与的希望迟迟不能实现时，梦想便会变成令人痛苦的嘲弄，从而使人比以前更加愤怒。

这就是为什么政客们应该把重点放在在冲突中他们能够做些什么的原因，也是为什么应该把重点放在在解决冲突过程中他们能够传达什么样的信息的原因。他们不能为了实现党派的目标而操纵投票人的梦想。

在家里和在工作中一样，我们不能把积极的想象实践当作转移人们的注意力的途径，使人们的注意力从关注切实的现实需要上转移过来；我们弄清楚自己的梦想在什么时候开始被党派的强势地位所操纵也是很重要的事情。例如：由于女儿伤口的原因，我决定停止她的滑冰训练。假如她为此非常伤心的话，我最不能做的一件事就是告诉她我们可以一起旅行，以此收买她而达到转移她的注意力的目的。相反的，此刻我应该控制她的愤怒情绪，也真诚地反省自己是否把担心她的安全作为借口而向恐惧投降了。从家庭地位上讲，我更可以利用自己的优势在家庭争吵中获胜，通过一些巧妙的想象性情节来控制她的情绪，但那样是操纵性地，是对女儿的侮辱，是对她智力的不尊重，更是对自己的不尊重。这样的想象绝对用错了地方。

如果人们因为梦想不能实现而产生不满情绪，而且这种不满情绪又十分强烈的话，人们就会倾向于因为自己的问题而责怪别人，这是人们的通病，也是一种心理防御机制。尽管他人必须为妨碍我们实现梦想而负责任，但是问题在于如果情绪上太过于沉溺于幻想和想象的话，我们的理性反思就会受到妨碍；在评价究竟谁该为理想的破灭而负责时，我们的感觉就会失衡，尤其当我们自己就是那个应该为此而负责的人的时候。

过度地批评别人不仅会导致偏执和无谓的斗争，而且会给我们的对手增添更大的力量。例如，如果回到我们对9·11事件的回应中，美国人慢慢明白了世界上有那么多人仇恨他们，只是因为他们是美国人。这个现实击中了美国梦的核心部分，美国梦的其中之一就是美国要成为一个让人人都羡慕的国家，那里有诱人的民主、自由、繁荣。但是我们不能不加区别地乱打一通，使整个民族成为替罪羊，更不能侮辱其他宗教的先知。我们反对的正是这种偏执和毁灭性的仇恨。它会传染到外国文化中，也会为那些希望我们发生灾难的人提供口实，而为他们的暴行进行辩护。尤其是在一个自由的国家，如果把想象和从其他几个步骤中学到的经验结合起来，特别是与个人层面和政治层面上的真诚反思赐予我们的经验结合起来，我们就能够做得比这更好。

最后，当想象扼杀了我们的希望的时候，我们就会受到伤害，这是它伤害我们的另外一种途径。有时候，对以往的事情过度的哀叹是那么玩世不恭，以至于愤世嫉俗的幻想使新梦想和新选择在人的心目中不能够占有任何一席合理之地。假如我们过分地痴迷于一个梦想，其他的梦想就会随之而夭折。例如，父亲的梦想是变得富有，而妻子和孩子的梦想只是在每个周日时一家人简单地在户外活动两个小时，而父亲过度痴迷于自己的梦想，他就会扼杀妻儿的梦想。

丧失了梦想就会导致冲突，因为人们丧失了为现时的困难进行创造性选择的余地,因此,我们猛地举起双拳,投入到无休无止的争斗中。这个父亲也许不是运用想象关注那美妙的、可达到的现实,而是把自己更多的时间放在与别人对金钱的议论上。而他的家庭成员则关注那些并不遥远的现实,父亲却没有考虑到这些。

这就使想象这一步显得更加重要了。如果冲突或者悲剧持续了很长一段时间,那就意味着我们必须告别过去,与别人共建一个共同憧憬过的未来。有时候,让旧梦随风而去是建立新梦想、更美好的梦想的关键一步。

克瑞和她的同事

我是在科罗拉多一个发展及贫穷问题会议上遇见克瑞的。他已经在同一家公司工作了20多年。他在精力、智力的巅峰时期选择为一个公司工作,而放弃了可能给他带来巨大声望的学术之路。克瑞的公司在市场上销售一种产品,这种产品不仅保证给公司带来丰厚的利润,而且就食品的食用性而言,也改变了世界。他先前的同事们都有强烈的社会公正意识,这意味着对他能够为世界创造上乘的食品有极大帮助。但是假如他追求与其营养学学位相关的研究事业的话,生活可能会是什么样子?他经常幻想这些。

克瑞与家人的关系很紧张,因为他们的教育程度很低。这让他感觉十分不踏实,尽管他是个给人印象深刻的知识分子。

他的主要问题是把同事们的缺点变成了自己的缺点。由于缺少信心,他曾经过分认为自己与公司目标和公司行为都保持一致。由于从精神上同公司的命运逐渐分裂,他开始陷入了危机之中。

难以理解的冲突出现了。他慢慢地表现出令人讨厌的倾向——指责同事们是何等的愚蠢。诚然,同事们确实无法与他的智商相比,但是,克瑞似乎太过于沉溺于上级和同事们之间方方面面的不平等。他开始变得沮丧、愤怒。当别人攻击公司时，他捍卫公司，表现出超乎寻常的愤怒；有时候他也独自怒斥公司的失败。像他这个年纪，如果离开公司，不可能再找到一份工作，他也没有离开的打算。他需要挣一大笔钱偿还抵押贷款，可是他陷入了一种身份危机，搞得他与许多人产生了矛盾。

他开始贪婪地读书，好像在寻找生活意义的答案一般。确实，好像克瑞的职业危机也给他带来了宗教信仰危机。

就给克瑞的生活带来冲突的特殊人际关系而言，毫无疑问，他需要使用解决冲突的八步法。如果他能够那样做的话，他所有的关系就可能得到改善。我的意思是他应该把重点放在想象这一步上。人们常常发现自己被关进了陷阱和牢笼之中，特别是被关进了几十年来修建的陷阱和牢笼之中。正是这些陷阱和牢笼制约着人们的想象力。他们被囚禁在往日的选择和错误之中了，因此看不到任何出路。他们确实太过于沉浸于幻想了，而且还是恶性的幻想。他们幻想着过去，幻想着过去的那些美妙时光，幻想着过去的辉煌。这样一来，悔恨就肆虐着他们的灵魂。

时不时地让自己想想那些最大的恐惧并不总是坏事情，这样有安慰作用的诚实表现是调解过程中重要的一步。如果我们用幻想找出自己到底希望从现在或将来的生活中得到什么东西，那么选择幻想过去那些美好的事情就是有好处的。但是，如果我们没有计划地控制这些情绪，经常这么做的话，它就具有毁灭性。

我曾经听到过他无数次地发牢骚，在某种意义上说，我并没有真正地听他讲话。一天，我也不知道为什么，我竟然真地倾听起他发牢骚。我意识到他迫切想得到尊重，对他的思想的尊重，对他智慧的尊重。我也意识到缺乏来自他人的尊重，尤其是缺乏自尊，将成为他生活中最大的损失。但是站在我的立场上，我也敏锐地意识到，如果他没有别的技术而劝他辞职的建议是很危险的，更是冒失的。

于是我鼓励克瑞写作。他写的大部分内容是发泄对公司业务的不满,这并不是我所希望的。但是那也并不算太坏,写作对大多数人来说是好的,尤其是那些感觉无助的人们。当我和克瑞对他的创作计划谈得越来越多时,一天,我意识到我们可以探讨一下关于营养及营养同调解人类冲突能力的关系问题。克瑞特别高兴。他所尊敬的人不再把他当作商人看待,而把他尊为一位思想者,而那种尊敬正是他所渴望得到的。

正当我们一起畅想营养及营养同调解人类冲突能力的关系这个话题时,我有意无意地谈到了他将来的身份问题,即他如何一边继续在公司工作的,一边在个人时间里写作、搞研究,特别是,如果他设法将之出版的话,将会通过合作改变他的自我中心意识。克瑞憧憬着他将能不时地为观众做关于自己研究方面内容的讲座,因为他最重要的目的是刺激想象力。这就是想象给他带来的自尊和生活的意义,这也正是他所渴望得到的尊敬和生活的意义,也正是想象一个研究事业的过程改变了他的自我中心意识。克瑞更加平静地对待自己的生活了,结果他的人际关系也开始缓和。他不必再把自己的将来建立在毁坏他人的未来基础之上,因为他可以以新的身份意识自主地为自己创造一个崭新的世界。我们不再涉及那个主题了,但是没有关系,因为它好像刺激了他创造力的爆发。

忘记过去

我故意和克瑞撇开他在公司的问题不谈,目的是帮助他设想新的生活。对一些读者来说,那也许不现实;但事实上,这是非常重要的。巧妙运用想象的最重要的一步便是想象自己处在完全不同的环境、人际关系之中。但是在矛盾之中,每当设法弄明白冲突是如何由此及彼的,往往关注如何才能找到理想的解决途径;可是关键的一步便是放弃这些努力,至少应该在一段时间内放弃这些努力。最重要的一点就是我们应该尽情地想象新的情节，在自己心中或者在纸上重新设计这些情节，并且思考他们将是一个什么样子。如果和别人一起来设计这些情节，效果就会更好，尤其是和自己的对手一起设计。

在众多人类冲突之中存在的问题是，虽然我们努力地解决问题，但实际上却把自己陷了进去。通过一遍又一遍地核对一系列似乎永无止境的细节，我们心里明白究竟是哪里出错了。但是，如果我们在脑子里背诵谁冲谁说了什么，做了什么，我们的思想就会变成一个牢笼。每次当我们把重点放在这些细节上，或者为下一步作计划，我们就陷入了自己编制的牢笼，并且越陷越深。在我搞写作的咖啡店里，我经常旁听到关于冲突的对话，而使我惊奇的是，人们对于冲突的细节记得那么清晰，"他说……，然后她说……，然后我又说……"。这种对话好像永远没完没了，而且永远找不到出路。如果没有继续感知的能力，没有想象，我们就不能从各种细节交错的网里后退一步，从而到达一个新的未来。

大胆、自由的想象是冲出牢笼之路。这如同我们中的一些人经过精心谋划，尽力使大家走出别人制造的麻烦一样。当我们面临困难时，大胆的想象是体现达观的人生态度的行为，也是有些人与生俱来的天赋，而且是每个人经过训练和教育可以掌握的技巧。

与上校、牧师和酋长一起畅想未来

在战争中，通过自由的想象挣脱冲突之网看似荒唐，但是正是在战争中，我们才对自由想象的作用有了最为透彻的了解。1999年在拉马拉的军事集中营里，我认为生命中最值得纪念的一刻出现了。当时拉马拉是巴勒斯坦地区的首都，我与来自中东冲突双方的军事、宗教领导坐在一起，然而空气中弥漫着的只是战争的味道，但是这个地方却充满了温暖和尊敬。许多年以来，这些人们已经建立了联系。那个下午令我吃惊的是双方创造彼此信任的方式，他们之间的信任之充分，足以使他们自由地分享共同憧憬的未来。

分享梦想需要足够的信任，但是那不能作为奥德赛的目标。如果一个人所做的仅仅是与对手一起分享自己的梦想，结果就会变成残酷的嘲弄。畅想未来必须在新型的人际关系中进行，也就是我们说话、相处的新方式。在拉马拉的那一天，我目睹了建立在八步法基础上的各种各样的深层人际关系。在那个时刻，宗教礼拜就会把他们团结在一起而不是分离开来。人们有气魄来分享新中东的梦想，有气魄来分享那个国界并不重要的时代的梦想，这种勇气正是我们在这次集会上所效仿的东西。我们也作出了计划，想把那个现实告诉数百万的听众，但不幸的是那些梦想却不允许有结果。暴力控制了整个事态，使得和解会议不可能有所作为。

在那个屋子里，在那幢楼里，的确有些人仅仅把这次集合当作政治活动的遮羞布。但是对于大部分人来说，这种说法是错误的。并且，我所倡导的、重点强调而且鼓励的双方关系可以当作过渡性的一步为未来的调解工作服务。战争的危害性是如此巨大，它给成千上万的人带来痛苦。在得之不易的融洽关系淹没仇恨的力量之前，战争把怀有美好愿望的人们多年来企图建立信心的所有步骤都破坏了。这种带有幻想色彩的会议究竟能够在拉马拉持续多久都使我感到惊奇。但是，此时是应该花些时间来考虑一下在这些会议中出现的各种关系的时候了。

在怀有良好愿望的人的手里，畅想未来是一个大胆的乐观行为。他声明人们有畅想未来的权利，也声明人们有按照自己的意愿改变环境的权利，不论那种改变进行的多么缓慢。

容忍矛盾

想象赋予我们创造性容忍充满矛盾的环境的能力，这是帮助我们解决严重冲突的另一种途径。我们尝试着开拓一种观察那些可能发生的新事物的视野；在这些可能发生的新事物中，我们尝试着观察自己，也尝试着观察对手。在拉马拉的那一天，房间里的人都抱着不同的宗教梦想和政治梦想，看起来他们似乎不能言归于好，屋里的一些人也的确杀害过其他人。当然，世界上有许多信仰不同的人，比如穆斯林教徒、犹太教徒、基督徒，他们不能理解和认同我们建立的理想社会。我们计划在中东建立一个受人尊敬、大家共享的圣地；在那里我们将采取各国联盟的经济运作模式，政治领域的冲突也将会停止。我们正在建立这样一个现实：在那里人性和彼此之间的交往模式将是一笔宗教财富，远比沉溺于争夺一块土地和特定的区域更加珍贵。世界上会有上千万的人为这一发展而欢欣鼓舞。然而也有人认为，在这个充满死亡、破坏及背叛的社会背景中，很难想象这样的交流能够得以实现。但这正是幻想和想象的本质所在，当梦想有可能实现时，甚至当毫无实现梦想的希望时，幻想和想象就起到一种铺垫作用。历史证明，最使人感到得意的梦想正是在毫无希望的现实中产生的。随着时间的推移，看似荒唐的梦想最终会为创造新的现实奠定基础。

双方在拉马拉的对话是非常关键的，它为下一步的工作打下了坚实的基础。从那时起，几个参与此事的人仍然在疯狂的环境中继续发出明智的呼声。他们不断进行会后游行，也有越来越多的来自世界各地的旅游同伴参加进来。就在那一天，甚至在解决无望的困境中，我们仍然进一步巩固了双方的关系。这为双方建立越来越多的联系搭起了平台，这些联系将为创造新现实打下基础。在调解过程中，这些小小的胜利见证了历史是如何创造的。

第六章 想象——畅想未来

在生活中，我曾经渴望着矛盾的到来。每次遇见矛盾，我就象见到老朋友一样欣喜若狂，这样说来确实有点自相矛盾。许多人深受矛盾之害，原因在于他们否认现实、避开现实、甚至是逃避现实。他们常说工作中一切都顺利，而显然，情况恰恰相反。他们没有在矛盾中生活的天分，例如，"我喜欢我的工作，即使同事们快让我发疯了"，或者"我感觉和母亲亲近，亲近得难以让人置信。可是我明白，在下周什么时候，她就会随便地辱骂我"。不能处理好这些矛盾关系的人就会生活在痛苦之中，否认一切事物的真实性，有时，他们会使良好的人际关系魔鬼化，最终将之破坏掉。

生活教会我不应该接受任何一个类似的选择。例如，儿童时代对家的记忆通常是杂乱的。一些人清楚地记得发生在父母之间的一些冲突和打斗，当时看起来非常恐怖，可是事情过后，大家却也能够过得其乐融融，可是其他人的家庭生活却总是麻烦不断、混乱不堪。然而，至少大多数人会记得一个特别温馨的时刻，不论这一时刻多么短暂，却能与我们的消极看法相抵触。其中可能包含着一些基础的因素，就像人人都不会忘记食物一样。在我家度夏住的木屋附近有一家面包房，我清楚地记得那里新鲜的杯形蛋糕，也怀念周六晚上和爸爸一起吃过的香肠。在我13岁生日时，父母给我举办了成人仪式。尽管食物的味道很美，客人吃光了所有的食物，但是多年来使我一直不解的是，他们如何钟情于起装饰作用的西芹。我们有一张照片，照片的背景是我们全家一排排地坐着，爸爸骄傲地举着一支巨型的腌菜罐子，那些罐子是他亲自填满的。在这个周末聚会上，父亲准备的菜如此之多，简直使人眼花缭乱，整个家族的人久久也不愿离开。可是我们家再也没有举行过像这样的周六聚会了。尽管家庭中有些矛盾，但是那些时光总是十分美好的。

培养孩子积极的想象

　　生活在矛盾和压力之中，使我们的角色保持平衡对培养孩子是非常重要的。想象的关键作用在于处理这些日常的争斗。小孩非常需要也非常渴望我们对他们灌输这种思想。他们希望我们成为他们的帮助者、老师、安慰者、疆界的划定者、款待者、戏剧演员、厨师、助手、秘书、玩伴——同时在这个过程中，他们坚持检验自己的独立性的极限。如果我们要求他们在独立与不独立之间找到平衡，就是很危险的事情。我们要么呵护他们，要么教会他们在没有我们帮助的情况下生活。如果试图在二者之间找到平衡是危险的，并且危险性不亚于前一种。

　　我们一方面要求孩子顺从自己，另一方面却希望他们自己刷牙，自己买快餐，自己准备文具，自己绑鞋带，自己处理所有一切其他日常事务。我认识一个孩子，他敢于向独立挑战，而他的兄弟姐妹们都恰恰相反。比较孩子之间的优缺点或许是父母的本能："为什么你不能早晨自己起床，像你姐姐那样？为什么你不能自己穿衣服？为什么都让我逼着你去做每件事？"当我到女儿所在的学校操场观察到这种行为方式时，记得我曾经考虑过这个问题，我立即对自己说，"想象一下它是什么结果"。我和一个小男孩坐在一起，他有太强的依赖性。我对他做得非常好的事情给予赞赏，然后问他，"你能每天早上自己起床吗？在别人起床之前，你能自己跳下床，迅速穿好衣服，下楼吃早饭吗？你觉得你父母为你感到自豪吗？"有些答案必定是和事实吻合的，因为第二天他就要那么做了。从那时起，他的父母就不用再逼着他早晨起床了。循环的斗争和依赖性看起来是内在性的、习惯性的，但是实际上它是由于缺乏憧憬那些可选择性的场景所造成的。没有人需要冲突，也没有人能在冲突中找到乐趣，要想在支持更多的创新性行为和习惯中打破这种平衡，我们有必要采取新的见解。

第六章 想象——畅想未来

为了解决冲突，成年人需要再次考虑那些过于简单化的梦想，也需要追求含有一定程度的矛盾和紧张的梦想。没有这种能力，人们就不能够真正地与他人和睦相处。例如：在我认识的人中，很多人都在其宗教生活中体会过这样的紧张。现在活着的大多数人体会到了简单的、传统的宗教信仰及传统和当代伦理、社会问题之间的紧张。没人预言过这个星球会变得如此拥挤不堪。过去没人能够预言，在民主社会里作为平等的人，将会有多少来自不同宗教的人可以自由地生活在一起。过去没有人能够预言，在成就和机会方面，男人和女人将会享有多大程度上的平等。过去也没人能够预言，自然科学能够在多大程度上促使我们对这个世界和现实的理解发生革命性变化，使我们能够了解几亿英里之外的世界，也能够了解我们身体里的 DNA 世界。然而，这些现实构成了对我们传统的宗教信仰及宗教仪式的许多假设的挑战，使我们被迫忍受了更多的矛盾。

有些人在解决这种矛盾时无视以经验为依据的现实，或者无视宗教传统。而另外一些人拒绝在二者之间做出选择，他们容忍了现代生活和宗教信仰之间的创造性张力。我的家庭不能放弃永恒的真理和犹太教的智慧。同时，我们也不能拒绝承认其他宗教的智慧，或者拒绝世俗民主基础、哲学或自然科学。我们信奉的一切都源于伟大的上帝的积极旨意。

一个关于犹太法师的古老故事说，上帝通过和平象征的方式启示摩西，他自己是其子民的立法者和解放者，这个象征是一棵燃烧的灌木。而早在上帝透露自己的身份之前，摩西就已根据《圣经》中的描述看到远山上燃烧着的灌木了。为什么他是和平的象征呢？因为灌木虽然燃烧，却没有消耗完。灌木没有熄灭火种，火种也没有燃烧灌木。换言之，和平的本质是指使对立物共存的能力，所以摩西能够听到山顶上的预言。在冲突最激烈的时刻，那燃烧的灌木便是我们保留在心中的最重要的象征。它说明，意识的境界有多高，真正的智慧便出现在多高的境界上。

重新思考

这里是想象的最后一个作用，我们可以称之为重新思考。当冲突太深，伤害已经产生时，就想象这一步而言，我们要想超越过去是很困难的。我们应该对自己或者他人以前所做错的事再次进行反思，这是十分重要的。我们不应当把构想全新的未来作为忽视过去的托辞。就解决冲突这件事来说，忘记痛苦将无济于事。我们必须要观察麻烦是如何引起的，并且在每一个阶段我们都要思考采取什么措施才可能阻止下一步冲突，或者思考此时什么样的选择才可能是有效的。然后，我们需要思考如果我们或者对手采取不同的方式，那将会产生什么样的结果。这样，在解决冲突的道路上，我们就学会了利用人类痛苦的经验——后悔，并把它转变为有重大意义的一个步骤。

我有一位朋友叫约瑟夫·蒙特威尔，他是一位解决冲突领域的拓荒者。他精心编制了一个叫做"恢复摩尔西班牙人的记忆"的计划。他一边推进华盛顿特区策略研究及国际研究中心的研究计划，一边启动这个项目。他的目的是公开承认那些由于各种宗教战争所致的苦难，同时让人们记住这种关系是不正常的关系。在11世纪，摩尔人度过了一个史无前例的美妙时光，犹太教、基督教和穆斯林之间的关系相当健康。乔相信这个先例可以为更加美好的未来创设文化基础。在我们讲的有关过去的故事中，美好的记忆总是和圣地有关。人类文明和民族是这样，家庭也是这样。人类总是在悲剧发生之后才去参照过去的美好事情，而这些记忆正为解决冲突奠定了基础。

不论在个人生活中，还是国家生活中，利用想象来解决冲突还有很多种创造性的方法。问题的关键是我们应该使人类这种创造性能量得到释放，使之成为摆脱仇恨和毁灭性斗争的至关重要的一步。建立积极的想象，会让我们懂得需要做些什么事情，如何表达自己的观点，这是解决冲突过程中的最后几步。

第六章 想象——畅想未来

第七章　行动——行为和态度的转化性力量

　　行动：生活中，我们从前几个步骤中获得智慧，采取行动则是这些智慧的结果。

　　行为和言语，行动和表达，是解决冲突的首要步骤和最终步骤。真正能够解决冲突的方法是无法脱离言语和行为的。所以，从某种意义上讲，我们在学习其他步骤的同时，也一直在学习着这一步。这一步要求我们接受那些从自己内心世界里了解到的每一件事情，以及接受那些从周围的人那里观察到的每一个细节，并且通过行为将之表达出来，这是我们人类表达自己观点的唯一有效方法。借助行为可以弥补我们所犯下的错误，而在大多数情况下，言语不足以承担这项重任，这就是我们为什么把行为作为开头的原因。

　　行动就像运动着的语言一样，或者套用一种更生动的说法——行动说的更多。尽管我们根据"八步法"采取了某些行动，这些行动可能极具风险性，结果也可能令人失望，但是它们将使我们从他人的反应中学会如何解决冲突，以及构建健康、新型的人际关系。

　　这一步成功的关键在于我们要始终坚持自己的行为，这些行为包括：积极向上的伦理行为，具有象征意义的态度以及旨在改变人际关系、思虑周详的行动。采取这样的行动能够自然而然地激发我们尊重自己，尊重他人。在生活当中，我们采取的每一项举措通常能够体现"我们是谁，我们的职业是什么"这些特征。所以，我们要特别注意那些发挥着决定性作用的身体语言，而不单单是从口中说出的话。采取具有象征意义的姿势是人类相互交流的重要途径，是一种无声的语言，这主要是因为象征符号传达的意义远比语言所传达的意义要丰富得多。

对待我们所爱的人

我从前曾参加过一个教会组织，马德琳是我的教友。她得了一种致命的疾病，尽管病情还处于早期阶段，但是不幸的是，这是该由孩子们来决定她的生活状况的时候了。由于她的病情越来越严重，在家里很难得到及时的照顾，她的两个孩子——西尔维亚和比尔强烈地坚持应该把母亲送到一家护理医院去。这样一来，有些事情就得解决。为了找到正确的行动方案，为了形成共识，孩子们争论不休。马德琳的生命眼看就要画上句号了，她的孩子们却依然住在遥远的地方，没有呆在她的身边。他们认为最好的方法就是让母亲得到专业的看护，从伦理角度考虑，这是人们在那种情况下所普遍采取的行为。当然，这里面牵扯到严重的费用问题。表面上看，如果每个人都希望公平解决问题的话，那么，如何分担费用将是相当简单的问题。比尔是一位事业有成的会计师，西尔维亚是一所大型律师事务所的合伙人，马德琳的另一个孩子——安，则是一位家庭主妇，她嫁给了一个富商。事实上，这些兄妹为了此事而陷入痛苦并且难以解决的冲突之中。许多问题使他们的能力无法发挥，以至于不能达成协议，采取正确的行动来应付这种情况。

其中一个问题就是应该怎么办，包括马德琳在内的所有都持有不同的观点。恰好就是在采取行动的这一环节上，分歧出现了，而目前所学的所有步骤将会告诉他们应该采取什么样的决定。西尔维亚坚信，母亲应该住到尽可能好的生活助理中心去，兄妹几个平摊费用；作为三个孩子当中最穷的一个，比尔觉得谁最有钱谁就该多分担一些费用，他不能同意与西尔维亚分担同样数额的费用；另一方面，安与母亲的关系最为亲密，她认为母亲应该住到她家里去，如果这样的话，安想要其他俩人来承担经济上的负担。从感情上讲，安也愿意支付全天护理母亲所需的费用。但是，其他两兄妹对安的计划表示猜忌和疑虑。这激起了三个人莫名的怨恨。

尽管每个人都承认需要尽快做出一个决定，但是问题却变得愈来愈难以解决。在过去，安和西尔维亚每年都在一起度过感恩节，现在却很少说话，并且西尔维亚对比尔的观点表示反感。半年以后，马德琳的病情进一步恶化。安请来一位社会工作者（她支持安的看法）和她的兄妹们谈话，可是西尔维亚在一次见面中大发雷霆，气冲冲地离去了。安这次理性和解的尝试也失败了。马德琳的病情继续恶化，可眼前仍然没有找到解决问题的方案。

这个冲突难以解决的原因在于，它需要广泛地研究各种情况。兄妹三个在"应该做些什么"这个问题上不能达成共识，这本身并不是问题，但是，策划一个大家认同的行动方案需要消耗时间，也需要相互商量。为了制定周详的计划，我们与他人开玩笑、争论，此时，我们往往会做出最佳的决定。有时真正的学术讨论可能会引起小小的冲突，但这些会迫使我们站在"圈外"去思考问题。在工作中，许多人喜欢就同事们和上级直接关心的各个问题展开辩论，当辩论进行得相当激烈，甚至不可开交时，参与辩论的人们往往发现他们的辩论正在帮助整个团体做出一个更加成熟的决定。在健康的环境中，冲突的副产品就是有趣的创造力和创意。摆在这个家庭面前的真正冲突和他们应该为马德琳做些什事情并没有太大关系，而和深藏于心的情感有关，和过去的往事有关，和不公平的事情有关。这次冲突和那些被掩藏起来的抱怨和不满有关。正因为这一原因，这个冲突才难以解决。

即使通过神奇的方法，他们能够给出明确的答复，比如对她而言，什么才是最好的安排。但冲突也不会就此而停止。事实上，在西尔维亚、比尔和安三兄妹当中，可能有一个人或者更多的人在某种程度上更愿意用更长的时间来解决冲突。可以说在一定意义上，马德琳就是他们三个人所玩的象棋游戏中的小兵小卒，游戏里的每个人都在因不同的原因寻求着各自的便利。处于冲突当中的人们正在从中获取某种东西，如果他们承认这一点，那么就不难找到解决问题的方法。然而当我和他们兄妹几感谈话时，他们都说冲突是多么的令人痛苦和难以解决。只要马德琳能得到正确的治疗，他们都从心底里想结束冲突，可是他们所做的仍然和所说的背道而驰。

在解决冲突的过程中，冲突给我一种难以驾驭的感觉，一种冲突与其生命一同在时间中凝固的感觉，我对这种感觉非常熟悉。在中东以及其他一些动荡不安的地区工作时，我屡次遇到这样的情形。从处理其他任何一种毁灭性冲突的经验来看，我立刻意识到解决这样的冲突是多么的困难。

比尔迈出了勇敢的一步，他认为最好的行动就是召开一次家庭会议。在会议中，他将真诚地表露他所有的情感，并希望藉此赢得姐妹们同样的真诚。也就是说，比尔用一种巧妙的方法把采取行动与真诚的谈话和交流连接起来。

我没出席过这家人的任何会议，出席会议的是以前曾被召集过的家庭成员，不过，我从比尔那儿听说了这次家庭会议的结果。比尔提出：只有家庭成员才能出席会议（社会工作者不能参加），他还鼓励姐妹们应该坦诚布公地说出她们心中的感觉及失落。在会议一开始的时候，他就向姐妹们解释，在讨论母亲马德琳如何安置的那段紧张的日子里，他是一种什么样的感觉：安因与母亲的关系密切，引起了他的嫉妒。至于西尔维亚，他常常对她在经济上的成功感到愤愤不平。他也解释道，他现在最想做的事就是怎样才能使母亲过得最好，只要能让母亲在最大程度上受益，他愿意在费用上做出相当大的让步，并且不再指示母亲应该怎么做。比尔还意识到，他们兄妹三个都忽略了母亲的立场和感受，就连在和母亲交谈并把她的想法传达给其他人时，也不能清楚母亲的真实感受。

姐妹们都同意他的想法，他们询问了母亲马德琳真正的想法，并向她保证无论她说什么，他们都不会生气，也不会有其他的什么情绪。原来马德琳不想和安住在一起，她害怕把这件事告诉安以后会使女儿感到不安，而且她也觉得自己在重重地拖累着安，所以马德琳想去一家护理医院生活，那里有很多的活动项目。而和安生活在一起，她就只能整天看电视了。事实上，马德琳已经走访过好几家护理医院了，而且在她心目中，有一家是比较中意的。

虽然这次家庭会议并没有马上决定出哪位成员将支付母亲多少费用，但其中一个重大的问题已得到满意解决，正常的交流也已恢复，最让比尔感到乐观的是一些小的细节问题也随之解决了。最重要的进展就是无论采取什么行动都得马德琳自己决定。她参与决策日常事务，这不仅加强了她的权威，而且也产生了整个家庭采取统一的联合行动的领导人物。

对于这个家庭来说，下一步要做的也就是八步中的最后一步——表达，为抚平以前给彼此造成的伤害，他们需要一遍遍地表达歉意。这些话不但有助于平息目前的冲突，还能够把彼此之间的关系提升到更亲近的水平。尽管他们的道歉是不全面的，个人也只是为这种状况承担一部分责任，但是这种行为本身就具有强烈的感染力，它能够促进良好的人际关系、道德行为以及一些抚慰性态度的良性循环，这将特别有益于这个家庭，因为这个家庭不久就要面对母亲的去世。

人生的转折点上采取果断的行动

遵循八步法，采取措施扭转这种充满问题的局面，就是要寻找一种有效的方法来摆脱冲突造成的精神创伤。这样做不但能够有效地遏制敌人，而且也能够使自己从冲突造成的创伤中恢复过来，这对于我们来说同等重要。

对我来说，最令我感到后悔，让我最受伤害的时刻莫过于被困难吓倒之时，莫过于面对问题，我不采取任何行动而是采取逃避态度的时候。相比之下，在生活中，在我努力了解那令人烦恼不断的局势之时，即使为此铸成大错，那些时刻都不会出现在我的记忆里。

我们(和父亲)父子关系就是一个有力的例证。在我们冷淡了数年之后，我意识到对于我来说，唯一能治疗旧伤痛的方法就是融入到父亲最喜爱的活动中去，比如说和他一起做饭，一起在走廊里晒太阳等等。有的时候，我的话的确伤害了他，其实有好多人都说过伤害他的话，我只是希望我能够改变由于我所说的那些话而对他造成的伤害。在我们对话的过程中，父亲看上去很不自在，而且极易被这些私人问题弄得尴尬不堪。他的习惯就是不承认我们之间存在着任何问题。如果我执意坚持和他交流，就只能让他更加生气，因为好几次都是这样的情况。

我父亲拥有解决冲突的能力，然而从他的语言中，你不会发现他那解决冲突的天才能力，可是通过他那些具有重要意义的动作以及具有伦理意义的行为，你就会发现他的才能。他喜欢通过下面的方式表示道歉：满怀关爱和热情地抚摸着你的身体，真心地向你问候，为你精心准备丰盛的饭菜，出人意料地提供一份跟正餐一样丰盛的快餐，在特别的日子里送去一张超大号的贺卡，通过这种象征和贺卡寄语表达那些不能亲口说出的话语。写满了

和解的艺术

字的贺卡大得近乎荒谬，似乎是在弥补他那种表达不出的歉意。

在和父亲一起度过的这些日子里，我记得有好多次当他意识到给我造成伤害，或被他吓着的时候，他也从来没有向我亲口道歉。相反，他只是精心为我准备一道鲜汤，或是制做美味的牛肉，或是我们一起坐在犹太教堂里，他把手放在我的脖子上。像很多人一样，我的父亲只是觉得用口头语言不足以解决问题，或许他不能克制自己的情绪，因此找不到准确的语言表达自己的感情。但是他会选择恰当的行为与他人交流，而这些人也乐意去"听"他以这种方式说话。

再者，说和做在一定程度上又是相互依赖的。真诚而又直接的表达他的观点不是父亲的强项，所以，随着时间的流逝，我慢慢学会了用心去感受父亲的身体语言之真正含义。在他的一生中，父亲对采取行动进行交流的方式更加自信，他一直都在尝试着用正确的或错误的象征性行动与人交流。在这方面，他有很多成功的经验，也有许多可怕的失败，这些都是他的财富。有人因他的行动而受到伤害，也有人因他的行动而喜欢他。他有一整套用恰当的行动去交流的保留节目，这种保留节目对于他和爱他的我们来说关系重大，比如：当你非常希望能够喝上一碗汤的时候，他会用心为你做汤；在电影院里，他会与你共享美妙的时光；星期六为客人们烹饪传统的饭菜；在特殊的日子里，为你送上超大号的爱心贺卡，还有简单的抚慰。可惜的是，父亲很少用语言把这些感受表达出来。刚开始的时候，这令我很是生气和恼火，可后来我慢慢欣赏了他这些保留节目的深意。在父亲的带领下，我最后也选择了用行动去改变我们的关系。

像其他的兄弟姐妹一样，我非常愿意和父亲一起做饭。为了让他感到舒适，我花了很大的心思为他买了暖和的被子，质量上乘的袜子，给房间通风换气，以便让他能够呼吸到新鲜的空气。我要保证我们提供的帮助尤其要考虑到他冲澡和修饰自己的形象的需要。他很欣赏这些做法。有很多次我和他坐在一起观看电视上播出的大型戏剧，谈论那些英勇的男演员和漂亮的女演员。他也感到喜欢。还远不止这些，在最近的几年里，我总是带着感激的心情顺从地接受他为我做的每一顿饭菜，不管是利于身体健康的还是不利于身体健康的。对他来说，拒绝就意味着太多的含义，因为这是最能体现他人生目标的地方。他出生于一个供给饥民食物的家庭，人们从为饥民做饭的过程中获得极大的乐趣；但是对我来说，即使我为了表示感谢而吃了太多东西，但仍然希望通过其他的方式交流。但是我知道，于他于我这些都是有益的经历，这样的时光正在飞逝，我们需要在它结束之前享受他给我带来的快乐。

　　无论在家庭生活，还是在集体生活之中，这都是一些意义非常的时刻。我们的任务就是抓住机会，去做一些有益的事情来解决冲突。对于个人和长期分裂的国家来说，谋划正确的具有转化性的行动来避免冲突是一项挑战性的工作，这里有一些基本的原则以供参考。

• 我们所采取的行动应该和八步法中的其他步骤紧密结合在一起。既然我们已经能够分辨自己的情感，了解冲突，最重要的是既然我们（在第一章）已经认识到我们以及我们所属的群体发生冲突的途径和方式，那么我们就可以开始构想一些行动来减轻冲突带给我们的伤害。

• 我们应该谨慎地让行动适应每一种人际关系、每一个冲突所处的具体环境，因为我们对冲突的来龙去脉了解得越多，采取行动的目的就越明确。

• 当我们选择采取什么行动的时候，或者行动的时候，应该用最大的力量和最擅长的方法，为之建立一套完整的行动方案。我们必须不停地扪心自问，我们哪些方面做什么做得最好？怎样做才能找到解决问题的方法？

- 在这个阶段，所采取的行动不能仅仅只对我们的对手具有象征意义，对于我们也必须具有影响力和转变性力量，就像奴隶起义的意义是双重的一样。我们的努力必须实现既能愈合对方伤口，又能愈合自己伤口的双重效果。

- 在开始行动之前，我们应该仔细地考虑某一行动。即使出于良好的动机，是否可能会使事情变得愈来愈糟，或者是否会传递出错误的信息。这就需要借助前几步所学到的知识，也需要谦虚地分析所面临的问题。

- 只有我们真诚地做出某些行动，不是出于勉强地让步，这些行动才会发挥作用。在办公室里或者在家里，如果我们处于长期存在的冲突之中，单单靠我们的宽厚和自我牺牲不能够消除多年的仇恨。除非我们把它变成一个持续性的行动，它才会对我们和产生转变性的力量。从某种意义上来说，"行动"的魔力能够使我们的影响在他人身上产生有效的作用。

尽管这一步的工作具有挑战性，但是，一旦在前几步所做的工作使我们明白，它能够帮助我们给自己在人际关系中定位，一种强烈的成就感就可能产生，这种感觉正是我们渴望得到的。就拿我父亲来说，他早些年花费时间和精力试图用体魄证明自己是一位男人，但是在我看来，他那份代表着单纯关爱的礼物最能证明他的男子气概。

我的父亲像爷爷一样，也是一位合法的犹太屠夫，因为每天都要把很重的、整扇儿的牛肉挂起来，所以他的二头肌非常发达。几十年后，苍老的父亲的身体垮掉了，他右臂上的肌肉是中风以后唯一保持活力的部位。令我惊讶的是，一直到他去世的那天，他的右臂还是那样有力。经过几周的持续高烧，父亲虚弱地闭着双眼，已经处于半昏迷状态，整个人时而清醒时而昏迷。他躺在病床上，试图向我伸出右臂。这是我见到父亲的最后时刻，也是他为我做的最后一件事情。为了使他的手更容易地抚摸我的头发，我把头放在床上，他一次又一次地抚摸着我的头发。我的脸埋在医院的白色床单里，惊惧地颤抖着，因为我想父亲已经不省人事，失去了意识。这就是力量，不可想象的力量，这就是人的行为。伴随一生的冲突过后，一直令我感到惊奇的是，用动作平息冲突是多么简单而又优雅！

在冲突变得具有毁灭性之前，采取行动

采取有决定性意义的行动不但对治愈老伤口、解决正在进行的冲突很重要，而且在冲突的先期发展中也发挥着重要的作用。它能够防止那些有可能恶化的状况向破坏性的方向发展，这种情况在持久的家庭关系中尤为适用。孩子们完全依赖父母，因此，如果父母很早就偏爱某一个孩子，就有可能引起其他孩子的巨大焦虑和不安。在某一年龄阶段，他们为了引起别人的注意而竞争，这样的情形经常发生。我不确定它在我身上是否已经完全消失，然而我们在接受关爱或者照顾的同时，似乎已经对此麻痹不仁，以至于完全地依赖于它。

但是，明智的行为可以预防焦虑的产生，父母们应该试着用心理前摄影响的方式让孩子们进行良性竞争，在优良的行为方面进行竞争。例如：无论我们多么疼爱两个女儿，我们会在特定的几天都离开她们，让她们感到不安全。后来我们发现她们开始用一些不是很健康的方式竞争以赢得我们的注意：为了上网时间而争吵，比一比谁坐的离妈妈更近一些，比一比谁先洗手——这种竞争是疯狂的。但是我们制定了一个日程表，做了大扫除的计划，里面包括一些优良的行为和有趣的活动，比如说：跑步、跳高、跳远，都是健康的活动。活动之后，她们就会在一起学习，就会互相帮助。

就我所知，孩子中的竞争以及影响安全的不确定因素从来不会随着他们年龄的增长和日渐成熟而真正消失。成年的孩子们似

乎常为一些事情而苦恼，比如在如何对待年迈父母的问题上。当我回顾父亲生前最后几年的时光时，我记得一些家庭成员为怎样才能最好地照顾父亲而争论不休。关于改变父亲的不良习惯和照顾患病的他，他们各有不同的看法。但是我清楚地记得，在那段时间里，我那些了不起的兄弟姐妹们之间的关系更加亲近了。泰瑞来探望父亲的时候，有时会给他带一些食品，而我认为他不该吃这些食品，但是我从来没有说过一句话。直到最后，我才真正理解了泰瑞真正的用意。她是想让父亲感到幸福，让他感到在生命的最后一刻还有人在爱着他。不管怎么样，我们顺利的达成一致共识：食品能够真正改善他的身体状况。尽管他为事情定下了基调——他对吃饭一点儿也不感兴趣，但是他非常喜欢我们对他的那份儿关爱。泰瑞明白父亲的心思，并把它付诸行动，我也尊重她的行动。

这一步最理想的结果是让对手在美德方面进行竞争。通过积极的途径给自己定位，就等于把良好的人际关系放在一条螺旋线上，会产生强大的令人惊奇的和谐力量。有人认为竞争总是在制造具有毁灭性的冲突，这是在撒谎。因为，正是我们善意地对待他人的美德才创造了友谊和相互尊重的桥梁，尽管人与人交往时，分歧在所难免。

政治分裂和民族分裂这样的大事情也是如此。这让我回想起与一群约旦年轻人在瑞士的高山上的一个度假中心见面的情形。那次年会是由变革委员会资助的一个重大事件。我知道约旦人就在会场，所以最开始的时候，我很害怕与他们碰面。

会间喝茶的时候，很多人走出会场，站在走廊里俯视山色，我也身在其中。就在这时，一些年轻人冒冒失失地出现在我的面前，脸上堆满笑容，开始向我介绍他们自己。原来他们把我当成另外一个人，一个与我长得很像的翻译家。然而僵局打破了，我抓住这个机会和他们交谈。他们也没有退缩，尽管说话的语气很快就变得紧张起来。

他们很想知道我的很多事情，实际上是在盘问我，而我试图保持初次见面时的那种冷漠，仅限于交流个人问题。最后，我们同意以后再行见面。开会的时候，我们围坐在圆桌周围，他们中有很多人和我面对面。我向他们询问了一些私人问题：他们在约旦的生活，他们的工作志向，以及我在以色列观看过的约旦电视节目。我试图保持这种轻松的谈话气氛，但是当他们问及我对以色列有什么看法时，提问一直带有政治色彩：以色列有没有权力阻止巴勒斯坦人建立自己的国家？应不应该允许以色列人在占领的土地上建立殖民地？为什么像以色列这样政治民主的国家也不能平等对待巴勒斯坦人？

这些问题好像与我没多大关系，因为我不是以色列人，我生活在美国。尽管如此，我很清楚他们感受到巴以冲突是多么紧张和激烈。我猜测他们中的大部分人都具有巴勒斯坦血统，他们的家族曾经遭受过精神创伤。尽管这次会议的大部分时间都在讨论冲突的问题，但是我可以看出来，这次政治对话不会有什么太大的进展。我发现自己处于一种进退两难的境地，不知该如何面对这些约旦年轻人。

变革委员会位于瑞士考克斯山上一个度假中心，在那里工作的日子成了夏季里相当有规律的一件大事。它总是促使我去思考冲突的性质以及如何去解决，这一次也没有什么不同。阿尔卑斯山，来自世界各地的各种人，浓厚的祈祷气氛，总让我回忆起生命当中最深刻的事情以及人类的未来。代表着不同种族和信仰的人们自来不同的大陆，他们在不断地改变着我的思考方式。在这种情形下，和这群约旦年轻人打交道，我决心要特别地留意我在他们周围所做的每一件事，每一个动作。我看准了机会，冒着风险，详尽地说明了我的行动。

然而，我"做"的第一件事，就是运用从其他几步中得到的

第七章　行动——行动和态度的转化性力量

经验来武装自己。比如：我设想这些年轻人会期待我去做什么；在他们的想象中，我会如何表现。很显然，他们是憎恨以色列人的。我猜想他们要么在约旦和以色列边境线上见到过以色列的战士，要么在电视里见到过有关的画面，他们所见到的仅仅是一部分以色列人。最初的提问使我相信他们与以色列人没有什么接触，预料我不会友好地待他们，因为他们觉得犹太人都会那么干。坦白的讲，我必须正确对待这种认识造成的伤害。我暗自心想："他们为什么拿其他人的行为来判断我的行为呢？他们为什么推断出所有的人都会站在以色列这边呢？"解决冲突的原则要求我们在心里重复回顾八步法的内容，尤其是在这种遭遇艰难处境的情况下。我最终决定当务之急就是"采取行动"。

我决定用一种近乎夸张的方式去扮演与他们的想象恰恰相反的角色。我有一种优势：我比他们年长，而且我能够预见到那些他们所不能预见的东西。不管外交家和政治家们将会告诉我们什么，从经验中我知道解决阿以冲突的核心问题是：荣誉感和羞辱感。每当他们一群人向我走近的时候，我会想方设法向他们每一个人表达我的敬意。我迅速离开座位，赶紧先向他们致意。我给他们拿一把座椅，以示我的尊敬。他们对此很是震惊，这里面有很多原因，也包括一个事实：我比他们年长，又是犹太教的传教士，而他们总是消极地把犹太教与冲突联系在一起。

像很多人一样，这些年轻人本能地回应了我。他们很快就邀请我加入他们发起的一个组织，该组织在这个度假中心的厨房工作。我们还一起共进了晚餐，席间，我让他们教我去做每一件事情。这是对他们极大地尊重。

在会议结束的时候，我们的关系已发展成为一种不同寻常的友情关系。他们中的一个年轻人在公共场合以非常钦佩的语气和我讲话，这着实让我感动，我上前当众拥抱了他。围观的人们都惊呆了，连我也惊呆了！我没有料到我会那么做。就像糟糕的行为和动作会使毁灭性冲突呈螺旋状发展一样，尊敬、同情这类用于解决冲突的行为，因其自身强大的生命力，往往会产生一种不可预知的神圣效果，这就是八步之中最重要的一步——"做"的力量。

身体语言能够解决已经存在的冲突

在瑞士度假中心的同一年，我们很多人一直在讨论发生在二战期间的那些年代久远的重大事件。这个位于考克斯一个小村庄的度假中心，实际上收留了数以千计的犹太难民，他们来自欧洲各地，从纳粹统治之下死里逃生。现如今，我们坐在一起探讨社会问题的这间大屋子，曾经是数百个犹太家庭睡觉的地方，那些家庭差一点就成了种族灭绝大屠杀——纳粹杀人机器的牺牲品。

美丽的度假中心位于阿尔卑斯山上，在它的正下方，便是曾经的瑞士和纳粹占领的法国边界。在这条边境线上，数以千计的家庭被拒绝后走向了死亡的深渊——大约有4万多人，包括男人、女人、还有小孩。这种事情自然就成了瑞士人谈论的话题，尤其当瑞士的一些银行不正当地利用犹太受害者大发其财的事情被披露之后。

我参加过很多次这样的谈话，因为一方面他们把我看成犹太人，会对大屠杀期间一些欧洲国家的行为抱有强烈的抵触情绪，另一方面，我曾经是为和平事业搭桥铺路的人。一部分瑞士人跟我坦白了他们的心声——他们非常恨自己的国家，而其他的瑞士人却大不相同，他们坦然地为他们父辈的行为进行辩护，即使存在对待纳粹战争机器的实际困境，他们也不担心我会谴责他们是反犹太主义者。我非常珍视我的角色，我每时每刻都被痛苦折磨着，特别是因为我谈话的对象都是那么的优秀。与此同时，还有一些人已经不在人世了，但是，我对他们抱有极大的愤慨。我觉得他们应该对种族偏见负有责任，而正是这种种族偏见引起了大屠杀。

　　夏天的会议结束以后，我们都回了家，但是我们之间的对话仍在继续。就这些问题进行了几个月的口头交流以后，我们大家都觉得应该是做一些事情的时候了，但是做什么呢？悲剧的发生距今已有五十六个年头了，被害者也已长埋于地下。有人建议我们应该对在这块美丽的土地上所发生的一切进行纪念——树一座纪念碑，再栽一棵树；它们将告诉那些难民们，他们之所以幸存，是因为这个国家接受了他们，而那些人之所以死亡，是因为他们被拒之门外。从现在开始，纪念碑将成为考克斯故事的一部分，它象征着荣誉和感谢，这棵活树则象征着和解的诞生。实现这一行动计划就意味着考克斯迎来了一个新的时代。关于匾额上如何题字，关于怎样才能让那些来到考克斯的难民以及没有来到这里的难民明了这个纪念碑的意义也展开过诸多讨论。后来，人们筹备了一个纪念仪式并邀请我去主持。每个人都走到那棵纪念树旁边俯瞰日内瓦湖，我为死者作了传统的祷告。在那棵树的旁边，人们举行了一个揭幕仪式。这次仪式对我意义之重大，简直无法用言语形容。

　　在那儿以后，一件非比寻常的事情发生了。我记得当时我坐在游廊里，俯视着日内瓦湖。这时，一位从未谋面的男子向我走来，他询问可否和我坐在一起。他告诉了我他的名字，除此之外，什么也没有说，然后专注地看着我。他一脸严肃、高度的自制，面带意味深长的表情，这在瑞士是很常见的。他说："我曾经是边境上的一个士兵"，这就是他对我说的所有的话，没有谢罪，没有解释，什么也没有。他深深地凝视着我的双眼，一言不发，脸上充满了懊悔的神情。从那情形可以看得出，他有很好的修养。我认为他的行动是为了承认自己的罪过。

　　此时此刻，"做"这一步的力量显露无遗。当我跟他坐在一起的时候，我的心情非常平静——在一定程度上，甚至比我在栽树仪式时还要平静。因为他使历史复活了，他把现在和过去联在了一起。过去不再是神话，对某些人缺乏对史实认可的抱怨也不再仅仅是我个人所发的牢骚，也意味着这次纪念活动不再仅仅是和我个人的历史问题热情地说了声再见。这是真的——他用行动证实了湖泽这的一切是真实的。事实上，他不能够说任何话的行动本身就清楚地说出了他此刻的感受。以前我曾见过若干类似状况，这一步都是这样发挥作用——经过深思熟虑的行动能使我们从令人窒息的沉默中获得自由的感觉，以此提供和解的唯一机会。

达观和勇气

这件事发生在瑞士的同一个地方，记得我私底下去安慰一个资深的老教士时，我处于一个奇怪的境地。这个老教士差点在前南斯拉夫冲突中丧命，他亲眼目睹了战争的极度残暴。凶残的军队统治着他的家园。当他每天经过集中营的时候，都能听到他们社区的人在痛苦地尖叫。数年以后，他还在为这件事感到痛苦不堪。我记得，当时我一边听他讲故事，一边和他哭泣，为数以万计人的死亡和遭遇而哭泣。当时，老教士鼓足了勇气，以最大的诚意试图在充满恐怖的环境中与敌人和解。他大胆地帮助集中营的士兵，尽朋友之道，把他们看成和自己一样的人，在精神上强迫自己承认他们也是神的生灵。他开始发现，他们中的一些人也对集中营里所发生的一切感到不安。就这样，经过谈判，他使一些囚犯得到释放，挽救了一些人的生命。他采取了一些十分有效的行动，既是为了救人，也是在最大限度地发挥自己的能力来实践信仰，尽管因为那些人没有得救，他的良心一直在遭受着煎熬。

在一个美丽的夏夜，我和这个基督教传教士坐在一起，共进犹太人的节日晚餐——安息日的晚餐，这是由几个瑞士朋友准备的。30多个朋友坐在一起，有犹太人，有基督徒，还有穆斯林信徒，我们一直呆到很晚。为了不破坏晚餐的喜庆气氛，我和他坐得很近，静静地说着话，当然得通过翻译给我们做小声的翻译。一直以来，我都把大屠杀的详细经过埋在心底，不清楚是否应该与他人分享这段故事。从孩提时代，我就看过有关种族大屠杀的电影，读过有关种族大屠杀的书籍。是种族大屠杀激发了我对暴力与和解的最初关注，当然，这里面也包括来自欧洲的那些家族记忆。我的很多亲戚都没有听说过这些事情，这是因为纳粹分子把我们犹太人的村庄从历史上抹去了。但是在考克斯的那个晚上，我和这个基督教传教士站在高高的阿尔卑斯山上，像兄弟一样地交谈着。作为两个传教士，我们好像是在探究人性和命运的隐秘：悲痛、罪恶、挑衅和梦魇。我们都沉浸在回忆之中，就好像除此以外，我们不能为死者做任何其他事情。摆在我们面前的有面包和美酒，一个传统的、心力衰竭的基督教传教士——冲突的幸存者，还有一个犹太教传教士，在安息日那天紧挨坐在桌前，彼此相互安慰。当我们在自己的想象中重新体验种族灭绝的时候，我们是不是就像生活在地狱？如果没有宗教分裂，是不是意味着不同宗教的人们都是同一个整体，那种感觉是不是就像在天堂？那天晚上，这两种感觉我都曾经有过。人类暴力的破坏性是用语言无法表达的，而在那晚，它完完全全地展现在我们眼前，但是朋友们的善意行为和蕴含着深意的举动又让我觉得所有的障碍已被攻克，我们已超越了宗教和宗教之间的界限。

听上去这很不可思议，这种解决冲突的方式也实属罕见。但是，在我多年的工作经历以及和朋友的交往过程中，我听到了来自地球各个角落的许多类似的事情。这位主教不是唯一一个与参加过种族灭绝屠杀的战士们打交道的人。我听说，在斯里兰卡，有一个佛教领导人，他是我的老师也是我的朋友，竟然和暗杀他的刺客讲怜悯。在非洲，一个牧师，也是我的一个朋友，曾经鼓励种族灭绝的年轻士兵停止屠杀。在柬埔寨，还有一位老和尚，曾经鼓励那些进行屠杀的士兵脱离他们的指挥官。每一个勇敢的、利于解决冲突的行动都包含着攻击敌人于不备的惊人举措，从而使他们解除武装，并唤醒他们那些由于参加或默许大规模犯罪而被埋没的人性。

　　这些例子都指出了人性的一个重要方面：面对巨大冲突时表现出的达观态度。这些人不但没有被恐惧吓倒，而且能够在非常情况下勇敢地行动起来。这种达观的态度为恢复冲突造成的精神创伤创设了条件。然而，如果我们被面临的危险所击倒，那么我们也就为长期的精神创伤做好了准备。在努力解决冲突的过程中，人们采取达观的人生态度去解决冲突是这八步法中转化性力量的典型事例。

　　非常的环境造就不寻常的人们。它教会我们如何在更普通的环境中充分发挥自己的力量。越过怀疑的阴影，我们最终明白在正确的时刻正确地行动就是解决冲突的最佳方法；我们也最终明白在自己所处的环境里，我们每一个人都必须思考如何运用我们正确的行为谋求冲突的解决。

第七章　行动——行动和态度的转化性力量

第八章　表达——对话和沟通的挑战性

> 我们的目标就是相互沟通和妥协，最终解决冲突，因此表达就是将我们从前几章里学到的知识运用到每一句话里。

既然我们已经完成了八步法中的七步，虽然还没有做好充分准备，我们也可以猜测他人运用言语的力量想要达到什么目的。鉴于这一点，人们应该承认传递信息的言语可以激发冲突与矛盾。如果我们运用经过仔细斟酌的言语，冲突也可以更容易的被解决。摆在我们面前的一项重要课题就是，当我们处于可能会伤害个人感情的破坏性冲突之中时，如何利用言语的力量达到神奇的沟通效果。那时，前七步的练习就会指导我们去选择用恰当的语言进行交流。

大家在第八章中的任务就是，需要机智地选择词语来搭建沟通的桥梁，以便在人际交往中进行更深入的交流。在最后阶段，伟大的矛盾调解者乔治·米歇尔参议员终于提出：注意他们说的每一个字。无论在什么样的处境中，他们都要仔细斟酌每一个字。我们要打算利用每个字去打开新的可能性，展现解决冲突的方法而不是矛盾，解决冲突而不是损害双方关系。

到目前为止，我们已经懂得观察个性和基本需要是如何激发矛盾的，懂得洞察一般冲突和特殊冲突的本质，已经意识到我们的感情生活对冲突的影响，学会倾听对手说什么没说什么，学会观察我们能够看到的冲突的详情，设想相互作用（影响）的新方式，并且了解了运用转换型的行动改变人际关系的特征。在这最后的阶段，我们学习以缓和的方式同对手交谈。然而，除非通过其他步骤传达积极的信息，否则语言可能没有任何力量，会显得空洞、苍白无力，实际上使事情变得更糟。现在我们需要问："我怎么以不同于以前的方式同别人交流？"还有"当我说，这事我早已说过了，我打算回避什么？"

交谈应该能够延续和对手心与心的交流。

过　境

记得有一次在充满暴力的边境上我陷入了紧张的境地。边境交通堵塞数里，没有一个人感到高兴。边境驻军中的一个士兵看到我们后，便向我们这个小小的旅行队伍跑了过来。他又矮又胖，而且端着重型武器，脸涨得通红，并且不停地察看四周。他喊道："你们不能在这儿停留，这儿很危险！"我意识到我们确实需要时间去考虑该怎么做，而且要考虑到他随时都可能失去耐心。

我平静下来，直视着他的眼睛，冲他微笑了一下，然后对他说："你保护我们，我非常感激。我能明白你很担心，并且这里的局势确实很糟糕。但事实是我担心你会发生什么事。在这种糟糕的情况下，我希望你要保重身体。"他不停的看着周围，然后紧张兮兮地对我说："我不想呆在这儿，我宁愿和家人一起留在海滩上。"

我让他谈了谈他自己的情况——我认为这是一件好事。在恶劣的局势中我很快便和他建立了关系，这多少消除了他的紧迫感，同时也给我们考虑怎样应付这种局面赢得了时间。我的短期目标就是用安抚性的话同他做心与心的交谈，这些抚慰性的话起到了关键的作用。

在日复一日的生活中，当我们面临着容易引起激烈争吵的情况时，我们必须表达自己的观点，在此之前，众多经历表明我们不可能把前七步都用上，甚至连几步都用不上。我们发现自己在边境上的境遇就是这样，由于毫无准备并对相关人员毫不了解，我们很难运用前几步的知识同他沟通。在这样的情况下，我们至少要在潜意识和感情中牢记解决冲突的前七步，这是必需要做到的。最起码，如果想到那几步以及它们所体现的策略，我们就会在同他人交流时做得更加细致周到。

我和那个士兵的偶遇是一个很好的案例，可供我们学习。那时，我首先想到的是自己是否安全，同时感觉到自己过分的忧虑（这属于第一步——认同）。很快，我便估计了一下形势，而且确定了回应他的方法（这属于第三步——理解）。我仔细地听他说的每个字并努力地寻找可能性的切入点（这属于第四步——倾听）。之后，我评价了他在这种情境下的行为，评价了来自人群的危险以及他同我们团队的关系（这属于第五步——观察）。我看得出，在这种敌对的环境中，我们制造的事端有多大，他对我们这个团队的关注就有多大；我也看得出正是他制造了这个极其敌对的局面。如果我站在他的位置上考虑这件事（这属于第六步——想象），他也许要检查什么，反过来，这有助于我选择合适的语言和他交谈。

北爱尔兰

尽管我把工作的重心放在中东，但我偶尔也在其他危险地带工作，包括非洲和北爱尔兰。北爱尔兰的冲突涉及到几个世纪以前的创伤和仇恨。在集体上，我经常接触不同的人，这样我就有机会进行观察：争论过去和现在的惨剧时，他们不但一直在吵吵嚷嚷,而且在努力地寻求新的交流方式。当我访问北爱尔兰时,碰到了一些新的、有趣的社团成员,他们想结束暴力。这个团体是一个宗教团体,其中包括新教教徒和罗马天主教徒,但是他们不是宗教主义者。

开会之前,我没有同社团成员讨论解决冲突的八个步骤,但是有个念头进入了我的脑海,那就是他们中的许多人一定早已花费了多年的时间审视自己的想法和看法,并一直尝试着各种解决方案。经过多次交谈以后我得出一个结论:这些有思想、勇敢的人们已经花费了大量时间思考他们是谁(认同),思考他们有何感触(感触)和思考冲突本身(了解)。这些拓荒者出席了这次会议,这就表明他们具备了高深的造诣去憧憬新的未来(构想)。

在爱尔兰工作中有趣的一面就是,我可以享受爱尔兰式的叙事技巧。天主教徒和新教徒参加的一次剑拔弩张的会议上就有这么一个例子。所有人都致力于调停,然而在会议上,大家都认为爱尔兰近代史应该归因于敌对双方强烈的消极观念,因为双方都提到了历史的重负。这时一个年轻的新教徒站了起来,说道:"我的祖先从英国来到这儿,他们掠夺土地,虐待当地居民。我不知道我属于英格兰还是爱尔兰,也不知道是否有权利留在这儿。"这个人当众提出了这个我们在第一步中已经讨论过的问题。这是他的问题,也是他的教友们的问题。通过质疑自己的合法性,他向在自己祖国居住的权利发出挑战,至少现在是这样。在不同信仰之间的对话中,这种坦诚是罕见的,而他却在极大程度上做到了这一点。

人们爆发出的反应或许同样令人感到吃惊。一个天主教徒在他之后站起来说:"Flaitulacht。"它的意思大致可以翻译成"欢迎来到我们的家。"就我的理解,这句话表明了他有给予那个人特殊关怀的义务,他的义务就是让他们感到好像你们的家就是他们的家一样。如果你没有承担"Flaitulacht"所蕴含的义务,那么你就会丧失拥有家的权利。新教徒放弃了拥有家的权利,而天主教徒立即把这个权力交还给他,但是这是建立在一种新型关系基础上的。当我目睹这一切时,我为这种坦诚而感动,也为和解的喜剧性而感动。仅仅通过运用一个词,就为和解带来了希望。

在北爱尔兰,有如此多的工作需要做,因为北部各省的归属问题仍需要协商。经过30年的艰苦努力之后,从广泛的社会意义上说,解决冲突甚至仍然处于初期阶段。我于1998年离开了那儿。我依旧相信,那儿依然有许多非凡的人们正在探测着冲突的深度,探索着解决冲突的道路。我相信,他们的愿望最终会实现的。他们已经开始真正对话,并且正在建立联系。对于在未来的数十年内解决两个团体之间更大的冲突,这种意义是十分重大的。

当我们发现自己处于严重的、接连不断的矛盾冲突之中时,我们所说的话或所做的事,至少应该对那些与矛盾相关的问题起到可预见性的、变革性的影响。这也是我们可以做得到的需要考虑的事情。如果做到了这一点,我们积极的贡献将使更多的人群受益,远非仅仅我们自己。在解决家庭冲突时也是这样。

慎重选择语言,仔细考虑每句话

让我们从各种各样的例子中反思一下选择有利于解决冲突的话语的一些总体原则:

•选择那些不仅对你十分重要的语言,而且对你的对手也有重要意义的语言。

•训练自己在选择话语时,把八步法牢记在心。

•当别人用同样的话来回应你时,思考一下你将用何种情绪,如何巧妙地回应对方。预测一下自己对善意的话语和刻薄的语言的反应,同时预测一下自己对肯定的和否定的语言的反应。我们需要体谅那些冒失的话语,并且把他们融入到自己的看法之中。尝试着用打动人心的话语回应对方，尝试着选择那些能够唤起每个人的自觉意识的语言来回应对方。

•只有当你想表达缓和的意思时，才能用那些表示缓和的词语，因为谎言很容易看穿。

•讲利于解决冲突的话时，一定要经常配合利于解决冲突的行为及象征性的动作。换句话说，不要忘记其他几步。虽然动作可能简单，但是一定要真诚。

•当你和他人不愿意接受那些利于解决冲突的语言时，一定要克制自己，同时也要对他人富有耐心。当其他几步为解决冲突提供了条件，当刻薄的话语和行为穷尽时，利于解决冲突的话语最终会被说出来。

•如果听到了刻薄的话，不要灰心，也不要对此感到绝望。毕竟仅仅是说了几句话而已。务必仔细考虑那些交谈或者对话的时机是否已经成熟，或者仔细考虑运用其他几步来解决冲突的可能性到底有多大。

•无论如何都不要让时间左右你的工作。由于荒谬的时间限制，也许多交谈、对话都变糟了。利于解决冲突的言语是在恰当时间自然流露出来的，而不是强制说出来的。不要以为任何会议都必须产生结果，也不要以为任何会议都能使事态有所改变。千万要非常耐心、谦虚地倾听，观察和等待，最后再发表自己的见解。我们要等待时机并抓住时机，说出那些必须要说的话，然后耐心地等待，观察所发生的事情。

•当致谢或道歉时，不要害怕重复。重复缓和气氛的话语和行为对人类的成长变化是必不可少的。一定要提高内心修养，这样我们就不会因为它所耗费时间和花费努力而灰心。

•如果让别人的言谈举止控制了你的自我感觉，你就会被矛盾击垮，你将不能够使自己恢复，也不能够使对手恢复。记住第一步（认同）。心里要经常保持这种欲望——学会如何区分哪些是我们作为一个处在冲突中的人所犯的错误,哪些是我们的基本价值观。这样我们作为一个强大、自信而又诚实的人,才会有勇气采取行动,表达自己的观点。只有这样,利于解决冲突的行为和语言才能出现在我们的交谈和对话之中。

以这种方式沟通,我们经常需要进行许多次尝试,也可能会有许多次失败,但是我们应该准备用一生的时间去提高这种交流能力。假以时日,人们通常会更加善于此道。尽管毁灭性冲突会不期而遇,但是锻炼这种能力有助于防止它的发生。即使当冲突发生了,我们也有能力去解决。

战争中有利于解决冲突的言语

我的一生中没有经历过几次战争,也没有介入过几次。其中有一次,我有机会同屠杀过许多人的中坚力量当中最坚定的一部分人面对面解决问题。在 2000 年,我访问了巴勒斯坦政府的总统,亚瑟•阿拉法特,那次访问是命中注定的。我不想在这儿深谈我是怎样被邀请到那儿,也不想深谈我为什么会以一个旁观者的身份介入到以色列和巴勒斯坦的暴力对抗中去,反正这是一件非常复杂的事。问题的关键是我和同伴们都把它当作一次机会,使悲剧性冲突发生真正变化的机会。当我写到这里的时候,那儿每天依然会有很多人死去;当我们赶到那儿时,情况亦是如此。

历史不会忘记,亚瑟•阿拉法特从未真正实现从游击队队长到政治家和和解者的成功转型。结果,他的人民承受了巨大的痛苦。无可否认,他失败的部分原因归咎于以色列对巴勒斯坦人民的不公正待遇。但是,历史上同样有抵抗派领导人的正面例子,那些领导人已经达到道德的较高境界。不管怎样,阿拉法特当选为人民的领导,他就应该为其人民着想。我认为自己有责任抓住任何机会向他介绍制止暴力循环的新途径和双方的新型关系。

在 2001 年的春天,我再次拜访阿拉法特,也就是在我到达的最后一站地——印地法达的6个月后。由于他总能对牧师敞开心扉，所以我向他作自我介绍时主要突出了我的犹太传教士身份。我到来之前，曾经设法让该政府高层重视这次会谈。那天室内所有的人都在憧憬圣地的未来宗教状况，同时憧憬着将不受边界限制的中东未来发展，我们据此发表了自己详尽的见解。当我们进入畅想未来的状态之中时，我的一个同事起到了穿针引线的作用。这样一来，我们建立了一些有趣的联系，这正如我在第六步中描述的那样。我们那些不切实际的见解超越了所有政治、种族和军事方面的分歧，而这些分歧曾把我们分隔开来。在第六章中我曾解释了驰骋的想象对于搭建信任之桥是多么重要，反过来，也会为改变敌对关系奠定基础。

我告诉那天聚集在那里的巴勒斯坦官员们，安慰那些失去亲人的人是犹太人的古老传统。我也告诉他们前几个月我曾和那些人一些哀悼过死难者的亡灵，尤其是哀悼他们失去了的孩子。我没有指责任何人。我也没有把责任——既不是他们的责任，也不是以色列人的责任归在任何一方。我对这些事件保留了自己的看法，仅仅对生命的死亡表示悲哀。很显然，他们被感动了，因为他们知道当我说这些话时，完全出于我的传统宗教（信仰）行为，而不是攻击，不是评判，而是安慰他们。他们脸上的惊诧清晰可见。

我抓住了这个机会，进一步详谈我的观点。我发现在某种程度上，和阿拉法特说一些象征性的话，尤其表示尊敬他的话，会使我们更容易接近。我斜过身体，和他靠近，说道："我想和你共同分享古代犹太法师的一些见解。他们说，'世界幸存下来是源于三件事：真理、正义和和平。'"然后，我向他靠的更近一些，直视着他的眼睛，说道："另一位法师在《塔木德经》宗教文学中补充道，'没有正义，就永远不可能有和平。'"我略带同情的看着他。随后我又引用了最后一句话："但没有和平就没有正义。"他仔细地端详着我。此前，他微笑过许多次，但现在他却没有笑。

第八章 表达——对话和沟通的挑战性

他看了我一会儿，然后说："这非常重要。"

阿拉法特思维相当敏捷。他知道我在用象征性的语言同他做心与心的交流。我引用的宗教文学的前半句是说，我作为一个犹太人，承认他的人民所遭受的不公平的待遇。但是后半句的意思是我完全反对他们正在采取的，并且过去常常使用的斗争方式。我用古代引语的目的是想告诉他，这种斗争方式永远不能给他和他的人民带来和平与正义。

我们接着谈到一些其他事情，谈话又持续了一段时间。但是，阿拉法特始终保持沉默，凝视着我，我也凝视着他。然后，他突然转向我说："你知道，当我还很小的时候，我经常跑到西墙去和犹太人一起祈祷，而且我会说我们的人和他们在一起祈祷。"在大多数情况下，我不会语尽词穷，而在那一刻，我确实无言以对。位于耶路撒冷旧城的西墙是冲突的焦点，它和世界上最古老的清真寺之一，即伊斯兰教的第三圣殿，同是争夺最激烈的地方，可是现在两座最神圣的宫殿已化为废墟。在那时，巴勒斯坦许多宗教团体的领导人声称，犹太人不拥有那儿的一寸土地，而且那地方和犹太人没有任何的历史联系，所谓的犹太人对圣地的依恋完全是犹太复国主义者虚构的神话和阴谋。但恰恰是在我点明这一点之后，实际上他承认了他们一直在否认的历史事实。

我意识到他在恢复友好的姿态同我交谈。我尊敬他，承认他的人民为此做出了巨大的牺牲。而他也承认耶路撒冷曾经是犹太人的宗教圣地，而且措辞小心，态度友好。我相信那天在那间屋子里所发生的一切都归于词语的力量。而那些措辞正是恰当的、尊敬的、使人欣慰的、利于缓和矛盾的。那是一次小小的胜利，确实是激烈的冲突所取得的一次小小的暂时性胜利。

第二天，也就是冲突发生6个月以来的第一天，阿拉法特公开宣布他的人民不应该袭击无辜的犹太平民百姓。我不知道我们的造访和我们之间的谈话与那个宣言有无联系。我也充分的感觉到这仅仅是毁灭性冲突海洋中的一滴小小的水珠。后来，阿拉法特曾多次改变自己的主张而支持恐怖活动，也就是他所谓的殉难。与此同时，以色列的态度和集体惩罚变得更加严厉苛刻。我从朋友们那里获悉，这次访问影响深远。只要以色列政府或政府代表同他们就双方共同点进行数十次的交流，本可以有益于降低矛盾的紧张程度。但是会谈从未举行。直到今天，世界上没有一个政府曾明白，我们和其他许多人采用这种解决冲突的方法有多么重要。他们不明白，内心里有多少东西会驱使人们去做那些明知是灾难的事情，例如名誉、羞辱、愤怒、绝望和伤害。他们不明白表达这些内心的感受会产生什么实际效果，不明白怎样才能让极其友好的态度出现，也不明白怎样才能使那些曾经梦想的很可能发生的事情变成现实，更不明白怎样才能使谈判更加有效。当这一切渗透到人类情感和友好意识的王国中时，许多政府领导人出于对军事力量和经济实力的考虑而畏缩不前。这就是最需要我们帮助的地方。在那非常关键的一天，就大规模战争而言，我们没有取得任何胜利；但就人际关系而言，我们的确取得了小小的胜利，因为在那个房间里的每个人无一不受感动。

  战争是一出人类不可抗拒的悲剧。它受很多因素影响，因此如果人们认为区区几句话就能改变一切，这种想法就太过幼稚了。我可不想让读者产生这样的想法。另一方面，深思熟虑的措辞既能使人际关系向好的方向发展，也能使它向坏的方向发展。否定这一点，就是荒唐而又愚蠢的，正如许多政策制定者那样。如果意识不到孤立势力及利于冲突缓和的措辞的重要性，就会在这种场合及其他中东冲突中导致过激的言语交流行为。

  我记得同阿拉法特一起参加那些会议时，我有一种莫明的恐惧。每当我坐在那栋楼里，恐惧、厌恶、半信半疑甚至罪恶的感觉就会交织在一起，涌上心头。当我们在那儿听了几个小时，观察了几个小时以后，在我的脑海里一遍又一遍地回想八步法以后，

第八章　表达——对话和沟通的挑战性

那种糟糕的感觉才有所减轻,但是并没有消失。

只有在我把心里所想的说出来以后,所有的不愉快才变成了一种坦然。我同冲突打交道已经好几年了,并花了许多时间和精力。但在我把心里话全部说出来的那一刻,我感到内心很安宁,就好像在那个房间里,我和牧师朋友们坐在一边的长椅上,这些军政名人们坐在另一边,我同自己交谈,也同自己的心交谈,而且,我最终对自己说道:"为了阻止杀戮,我已经做了我能做的所有事。"

当自己的观点表达完毕,其他步骤进行完后,应该留给你一种坦然和成就感——无论在一场大冲突中发生什么,这也是解决冲突的一个基本阶段。这一步,就像其他几步一样,也不能控制你身边所发生的一切,因为没有人有那种力量。它旨在用你自己的力量做事去改变命运,之后便听天由命。冲突的解决并不是依靠对别人或对历史的绝对控制,那是一种妄想。它依赖于对自己有足够深入的了解,以便能搭上解决冲突的便车,接下来就要谦恭地接受将要发生的一切。

仪式的力量

中东冲突双方的领导人们聚集在我家里开会,在此过程中,一个最令我喜欢的时刻到来了。大多数与会者的政治观点是不偏激的,因为接连不断的流血事件和最近不幸的9·11事件,都让他们受到了猛烈的指控。在这些情况下,我所能做的最重要的事就是用友好的行为和姿态控制形势,对此我有相当的把握。我之所以在家里召开会议,是因为我相信我的妈妈和可爱的孩子们将会欢迎所有的客人,并且乐意同他们交谈。我确信自己准备的食物将会适合双方的口味,所以我就亲自把食物端了上来。尽管书架上各种书籍写的都是犹太风俗,但是我没有把他们藏起来。我对每一位客人都问候致意,并一个接一个地引见给其他人。

我坚定地相信仪式的力量，包括例行的（演讲）发言。我有一种直觉，那天在我家举行会议就像是一个典礼，人们需要表达尊敬之情和互致欢迎词。当人们都进来后，我们的谈话开始，首先谈论的是家庭。我们都提到自己的孩子们。一位明智的心理学家朋友不失时机地指出，她的孩子们将和沙特的孩子们去同一所学校上学。这些话吸引了一位阿拉伯绅士，他邀请我的朋友及其孩子们去他家做客。他们坐得更近了，随后，又深谈起了一些家庭的长长短短的琐事。

　　我永远不会忘记，这种有效的方式能够把一个人同这位美国听众扯上关系。在可怕的那一天，三千人的生命在倾刻之间就灰飞烟灭了，他的一个成年孩子当时正在曼哈顿。像许多比较现代的沙特人一样，他为自己的孩子们，尤其是他的女儿们所接受的自由教育和无民族偏见的人生阅历而自豪。他告诉我们，如果一连几个小时用电话和在曼哈顿的孩子联系不上，他就会十分恐慌。当其他数百万美国人遭此恶运之时，他在为他的孩子们而自豪的同时，也在为之担惊受怕。故事讲到这里时，在座的任何一位都不可能再去责难所有的沙特人了。

　　那个沙特人说完后，其余在座的25位都对自己、自己的职业，以及数年来为增进信任和维护中东国家和平共存所作的贡献做了介绍。在筹划这次会议时，我们并没有意识到它会对这些客人产生如此强烈的影响，这次会议使满屋的人都明白了这样一个事实：他们为了自己安宁的生活在以这样或那样的方式奉献着，努力着。我提出了问题并附带了评论——这是我们联系的开始，尽管此时此刻什么也没有解决，但是我们必须开始。

　　这些问题是直截了当的。其中，有些问题是尖锐的、充满责难的。另一些问题是哀伤的、充满忏悔的，是在这种环境中正视内心的伤痛和迷茫。很显然，这仅仅是讨论的开始。关于这次讨论，我们并没有打算把这次谈判或解决的方案记录下来。假如我们的

第八章　表达——对话和沟通的挑战性

关系有机会得到更深的发展，这一切在今后都会实现。

在这里，第八步中我们所能做到的是在更高的境界里，人们相互尊重、相互敬爱、彼此同情和彼此给予深切的关爱。它标志着严肃的学术交流已经开始。犹太团体中的许多人对近来的暴力活动和伤亡事件表示悲痛和失望。但他们真正力所能及的就是把交流作为增强对复杂问题的理解的一个机会。屋里的所有人都对微妙的复杂问题作了学术性的评论，都坦诚地表达了对新的可能性的理解，他们倾听、表达的方式都体现了相当的技巧。总之，存在严重分歧的双方都应当把表达当作一座桥梁，而不是障碍，是一种建立关系的途径而不是破坏关系的途径，是一种相互尊重的途径而不是相互羞辱的途径，是一种开展更多讨论的媒介而不是破坏他们的武器。

花点时间与人交谈

最终的发现：现代城市生活丢掉的最重要的东西之一——并且在全球每个洲都呈日益增长的态势——就是时间。时间的丢失需要我们付出昂贵的代价，因为解决冲突需要的正是时间。

几个世纪以来，世界上许多地区的土著居民已经发展了有利于解决冲突的仪式，这些仪式持续数周，甚至数月之久。在这些仪式上，人们解决彼此之间的矛盾冲突。身处冲突之中的每个人，包括旁观者在内，只有在讲完事情后，才能提出自己的看法，而其他人必须耐心地倾听。如果一个人情绪激动，就难以听取与他分歧很大的对手的观点，因为每个人都明白，在当地人的对话中，他们想讲多长时间就讲多长时间，所以这种愤怒和挫折感就会在不知不觉中消失。起初，我们或许讨厌别人说的太多，因为我们感觉他抢走了我们表达想法的机会。我们也许会认为别人带着这种态度发言，事实的真相永远也不会明了。

没有时间限制，敞开心扉畅谈自己遭受挫折的感受，不但为接下来的表达提供机会，还为倾听和理解提供了机会。我认为这时应该鼓励想象，因为他们在一起讨论的时间越多，以公开的、坦率的方式分享梦魇和梦想的机会就越多，从而他们结合在一起去创造共同梦想的可能性就会产生。在解决冲突的过程中，对于一些最成功的沟通来说，缺乏时间观念是极其重要的事情。

或许，这些开放型的交谈在具有大智慧的长者的推动下，就像在当地人们中进行时那样轻松，它可以在有远见的公司开展，也可在社区中心、学校和做礼拜的地方举行。关键是要保证谈话持续下去，以便使每个人的观点都能被听取，即使这种交流需要持续数月，或更长的时间。这种沟通的意义在于表达和倾听本身不是一项必须完成的任务，而是解决冲突的一次机会。

第八章 表达——对话和沟通的挑战性

第二篇

应用篇：
工作、家庭、社区

第九章　工作——八步法创造一种生活

> 工作：在日常工作中运用八步法则，这样能够预防矛盾的出现；即使矛盾已经出现了，也能弱化矛盾，解决矛盾。

办公室就是社会的一部分。显然，各个成员之间关系的好坏对我们建立安全感和自我价值尤为重要。我们希望自己所处的环境能够让人感觉舒畅，既希望这种环境具有挑战性，又希望它能够给予我们支持和鼓励，也希望它能够激发出我们的最大潜能；同时，当身处困境之时我们依然指望它能够成为我们的坚强后盾。但是在工作场所之内，人们对这种社会的需求和期望不能过高。有时，对社会和谐有利的因素却会妨碍生产，反之亦然。一个冬季繁忙艰辛的生产过后，若能举办一周的联欢活动来展示工人们的才艺，这固然非常好。另一方面，如果年终报告指出"到6月之前公司若不能够完成一定的生产规模，投资者就会撤资"会怎么样呢？生产与其他需求之间总是存在着一定的张力，这种张力往往容易引发冲突。

另外一个问题就是，工人中间存在着很大的变量。有些工人追求更大的独立性，而有些则需要更多的引导。每个人都希望拥有尊严，希望受人尊敬，希望自己辛勤的工作能够得到实实在在的回报。因此，基于不同的背景与心理，每个人的意愿都各不相同。有人希望与同事并肩合作，也有人对独立的竞争方式情有独钟。我们不愿因为成功而受到过多的关注——即不喜欢出名，因为总觉得飞得越高就会跌得越快越惨。我们期待的是一种长久安稳的生活。我们中有些人几乎毫无雄心壮志，因为他们把心思花在怎样充实家庭生活上了，或者把精力放在怎样提高其他事情的效率上了。

所有这些因素都使得同事们难于满足彼此之间的需要，而"满足彼此之间的需要"本来是解决冲突的一个有效的处方。尽管如此，这些存在于工作场所的挑战也不一定转化成破坏性冲突。如果我们以建立良性关系为目标，对这些复杂的境况采取积极的内部措施和外在行动，我们仍有可能创造出最佳的工作环境。

健康办公室

我曾经偶然遇到安娜的机构，它与众不同，其显著特点在于它能够将八步法则运用自如。这是一个非盈利性跨国机构，机构虽然庞大，但是所有成员都能感受到一种共同的组织文化。每个人时刻都在忙碌着，努力程度相当惊人，而谁也没有忽略自己的家庭，并且这种做法完全是自觉的。整天都会有大量处理家庭问题的电话，大家基本上都是下午五点半下班，然而，如果有人因为家庭突发事件偶尔需要提前离开，也是可以的。

该机构每天都能够把大家的家庭事务和艰巨的工作任务自然结合在一起，这确保每个人更加意识到自己不仅仅被视为一名普通工作人员。对于各自的一些私事，比如，哪个人正走在去看牙医的路上，谁的跛足需要动手术，谁必须按时回家准备当天的晚餐来缓解配偶的压力，谁因为这几个月来吃了太多的薯条需要抽身去健身房等等，人人都了如指掌。这种私事与公事在办公室里相结合的方式。不会让人感觉工作是在浪费时间，或把工作当作琐屑的日常生活之后的集体治疗。作为不普通的工作人员，同事们的处事方法明确地融入了工作场合之中，因此使得真正的工作成为了需要有尽可能高超的技巧才能完成的谨慎任务，每个人也因此不仅仅是这个受人尊敬的光荣集体中的一名成员。这种艺术性的融合催生了惊人的工作效率。

当然，这个组织机构并不完美，其中也有或隐现的矛盾，但这些矛盾冲突都很琐屑，并且似乎能通过每个成员的自我反省得以成功地协调。大多数真正的冲突不是私人的，而是工作上的，比如怎样解决在策划最先进的教育方案中所遇到的复杂问题（这就是他们的工作）。

在这个成功的环境中，安娜是核心人物。她对世界充满了好奇，无疑这种好奇心感染了其他人，使其组织机构在精神上保持着年轻和活力。她认真、热情地对待每一个人，并鼓励他们，提拔与此有着类似性格的人。然而，安娜并非十全十美。她是个地道的多虑者，她的心思同时用在好几个方面。因此，她的办公室里总是充满着紧张的气氛。对于外人来说，这样更富有魅力，但是我认为紧张易于使员工感到疲惫。

出于其文化特质之故，安娜的机构尤其有利于员工们解决自己的身份问题——他们是人，同时也是本团体的工作人员。然而，更多的人却总是从工作价值出发，错误地看待他人或者自己的价值。一旦工作价值被低估了，我们将会失去积极的态度。这样做无异于提供了权利与地位斗争的舞台，因为我们不会在现有的基础上充分评估自己作为人的基本价值。不管在工作中取得怎样的成就，也不管我们多么倾心于该工作环境，自尊必须无条件地受到尊重，并免受不可控因素的影响——如挫败、市场赢利、国家法规变动、负债经营等等。

每个人的诚实劳动都应该得到尊重。不管每一天有多么艰难，为了保存商业竞争而做出了无情的决定时，八步法中的第一步就要求我们提前考虑，如果意外地发现自己失业了该如何应付。生意的合资者和雇主同时也必须自问：怎样使每个人能适应一种工作环境，其中包括过硬的竞争标准和艰巨的工作任务，同时又不会埋葬工人的自豪感和自我意识。安娜在其组织中创造的环境使很多人产生了一种积极的自我意识，这种意识能够帮助员工克服工作中的挫折。当然，她还招募了一些人，这些人已经非常胜任重要的人文关怀任务了。

在我找寻公司某些健康运作的特征时，我要观察合作者们都有哪些共同特点。大体上来说，在特定的办公室里谁升谁降，不管是好事还是坏事，都会产生一种波动的效果。这就意味着这些特征对于任何组织的健康和未来发展都是极其重要的。

人们是否重视自己的价值是任何公司健康运作的重要因素。作为工作人员，我们必须在心里找到答案来回答"我们的基本价值如何"这个深刻的问题，并且这些答案必须提供足够的力量来应付工作中的挫折。除去工作能力，作为人，我们如何照顾自己，这是至关重要的问题。假设明天我们的肢体失去支配力或突然老了30岁，我们将怎样看待自己？我们会崩溃，会被击垮吗？当然，即使是不像成年人那么独立的孩子和青年人，我们仍然希望他们也不会被击垮。我们期待和希望他们的自我意识能够应对独立。我们对自己的期望更不应低于成年人的标准。

一个很好的练习方式就是假设我们自己不能工作了，然后体察感受父母或其他人在生活各方面给予我们的关爱。想象这种关爱是无条件地付出的，与我们现在的能力无关。这样的想象能让我们更加珍视我们的工作技能，将其看成超出我们作为人类一员的内在价值之上的特殊的礼物。在此，我们的目标便是爱惜自己。无论富有抑或贫穷，不管文化程度的高低，每个人都必须面对成功的局限性，必须面对由时间和年龄刻印在我们存在之上的人类成就的局限性。如果我们只想着作为工作者的自己，必然会遭遇一定程度的失落感和挫败感——除非在自己身上发现了更多的价值。虽然我们很难做到这一步，但是对于预防和平息与工作有关的根深蒂固的冲突来说，这一点的确十分关键。

我们能够记住所敬爱的老年人，所喜爱的孩童，所呵护的弱小动植物，并在内心赋予他们想象的色彩。我们能够想象所有这些脆弱而珍贵的生命，比如漂亮的孩子们，仿佛他们躲藏在我们的为了每天的生计而准备战斗的盔甲之下。当我们需要记起我们本来并不是战士，而只是短暂地出现在地球上的简单脆弱的生命之时，总能够看到他们正在那里等待着出场。

受伤的工作者和办公室里的斗士

如果我们举出一个与安娜的组织机构相反的例子——在一个充满冲突的办公室，我们会看到一些不同的人——他们有着相似的需要，却以不同的而且具有破坏性的方式来实现这些需要。在这种情况下，许多人或互相反对，或彼此诋毁，他们以一种被误导了的方式努力寻求一种良好的自我感觉。受伤的工作者变成办公室的争战者，以此寻求意义与价值，然而结果必定是失败。在短时间内，不管他们取得了怎样的成就，由报复性攻击而导致的伤害都会将其抵消掉。而且远非如此，一个人越努力地成为办公室的争战者，其自我价值问题就会毫无希望地往后推延，到那时许多埋藏起来的悔恨将会浮现出来。

在受到攻击时人们想不卷入办公室战争都是一件困难的事情。战争有着极强的传染性。然而即使在这种情况下，如果我们能够战胜伤害，并坚持足够长的时间，直到我们对他人的优点加以欣赏并给予承认之时，或许我们就能够启发他们进行反思，令他们放弃这些自杀式的争斗。

在职业环境中，尽量避免冲突显得尤为重要，因为所有的工作场所都有自己的交往和行为规范，也有许多既不能明说也不能做的事情，即使它们不会产生严重的后果。当我们通过八步法来解决工作中的冲突时，必须意识到它比家庭冲突更加难以应付。各种习惯与机密性的规则使我们很难找到一个局外人（比如神职人员或调停者），让他们来指导我们。如果我们位卑言轻的话，让调停人员来解决办公室冲突的可能性就很小。我们通常只有靠自己，而指望不上外部力量。这就是为什么培养我们的性格和各种解决技巧会保持我们健康的工作关系，也就是为什么当这种工作关系遭到破坏时，我们便会尽快、尽可能彻底地使其得到恢复。

拙劣的领导方式

　　唐纳德今年45岁，在一家由业内专家共同拥有的电讯公司里担任首席执行官。他是幸运的，领导着一批雇员，然而公司里却不断出现危机。一些鸡毛蒜皮的争吵往往使员工相互对抗，比如谁该占用较大的办公室、谁该休假、谁该挣多少薪水等等。他自己无论如何都不能平息这种状况。他的团队缺乏合作，当他反反复复地要求员工们需要一起合作时，他的话总是被当作了耳旁风。

　　我很幸运处身于这家公司的冲突之外。我与几位合伙人交了朋友并尽我所能地向他们提供建议。由此我可以观察每个人的行为。很快我就意识到问题出在首席执行官本人身上。人人都在抱怨他。他对我也同样反复无常，时而友好，时而刻薄，令人捉摸不定。这本身就会导致领导问题并造成冲突的工作环境。

　　唐纳德不能与同仁相处的原因何在？经过多方面的了解，我发现他有说谎的毛病，而且还很严重。不管表面上他表现得多么友好，但内心里似乎总是隐藏着强烈的攻击性——以说谎的形式表现出来。说谎成了他解决复杂问题的办法，而作为领导，本应该采用更具建设性的解决方法。从某种程度上说，他似乎通过捉弄他人、玩弄真相来平衡利益，处理人际关系。

唐纳德讨厌任何形式的公开争论和冲突，为了逃避，他总是屈服于员工的压力，不管他们索要的是奖金、较大的办公室，还是特殊的休假。他有时甚至同时向两个人让步，答应他们同一件事情，然后说谎来逃避麻烦。

对唐纳德本人我并没有做真正深入的接触，但我却了解不少其他高层员工，并给予他们应得的尊重。他们都拥有公司的股权。我们做了长时间的谈话，并且我仔细思考了问题的性质。我对八步法的前三步做了探索：处事、感觉和理解。我们开始认识到唐纳德基本上是个好人，只是没有能力面对迎头而来的复杂矛盾。这令他以及其他所有的人都陷入了困境。我还发现，他的欺骗和逃避策略把其他人内在的劣根性激发了出来，进而他们的性格倾向又把问题更加复杂化了。

在探索前三步的过程中，他们开始注意公司里从未解决的老问题，并认识到正是唐纳德的性格和他们自身的缺点使情况不断恶化。在良好的工作环境中，本应该被悄然忘记或原谅的一些小小私愤，在不信任的环境中以及潜在的敌意下，却不断地积累和升级。我称此现象为"阶梯式怨气"。假如任何团体的领导不曾面对基本问题并认清其实质时，它将尤其危险。我已经在第一章"如何处事"中谈到这类问题。

与员工接触以后，我向他们提出了一些建议。在此基础上，公司里的合作者们开始步入下面两个步骤：倾听与观察。这两个步骤帮助他们把公司推向一个更加健康良好的发展轨道。不幸的是，因为唐纳德的强烈反对，他们未能把他一同带入这一过程之中。唐纳德遇到了严重的信任危机。下一步是"想象"：公司在健康的管理下应该是什么样子。公司的股权拥有者们表现出高度的同情与理解，他们也实实在在地考虑了唐纳德的利益。唐纳德仍然留在公司里发挥作用，但是他们认为他不能够再担任首席执行官了。他们做出结论：唐纳德应该下台，他可以继续持有股权，可以继续留在公司，然而却再也不能够担任公司的管理工作了。

如果不是股东们不畏艰险地迈出这一步，公司很可能就会被轻而易举地毁掉，或许连拯救的机会也没有。特别是在高度竞争的环境之中，由于一丁点儿的压力之故，许多公司早已分崩离析了。勇敢的股东们拯救了公司，解决了矛盾，这对他们自己有益，从长远的角度来说，对唐纳德也是有益的。

糟糕的是唐纳德本人不能迈出这一步。他本来可以更好地了解自己，他本来可以直接面对自己逃避冲突的倾向，远离撒谎的习惯，并拓展出更健康的方法来处理矛盾冲突。在冲突中，甚至在避免冲突中，运用八步法则的人越多，工作状况就越能有所好转。同时，如果实际情况不允许让人人都能够运用八步法则，但是运用八步法的个人依然会在这一过程中受益。

寻找意义和价值

汤姆是一个既热情又富有爱心的人，在一家致力于青年教育的机构里工作。他把毕生的精力投入到了非营利性的世界安全事业之中。为此，汤姆放弃了自己的生意，然而这一工作却总是让他烦恼不断，因为他的一切成就都与他的自尊有着极大关系。他出身于劳工阶层，因而取得职业成就和提高智力水平就成为他摆脱自卑感的关键。

汤姆的烦恼是渐渐地形成的，几乎难以察觉。他骄傲地自称为具有批判精神的思想家，因此他开始对该组织的工作方式和性质进行质疑。在这个机构成立了很多年以后，汤姆开始遇到很多问题。其中一件让他烦恼的事情是：机构声称它的定位是为青年人服务，但是年轻人却越来越严重地被排除在机构领导圈之外。此外，机构里还存在着轻微的种族歧视现象——至少汤姆是这样认为的。这更让汤姆烦恼不堪，因为它背离了组织的目标：以更好的价值观改善所有青年的生活。更重要的是，机构里的偏见让他怀疑——自己放弃另一种生活的意义何在。当初放弃舒适而前景光明的事业就是为了改变青年人的世界。如果组织里充斥着偏见和排斥，汤姆就觉得自己放弃了安全和地位却一无所获。其他人却极力否认这种抱怨，他们认为该组织正在慢慢向前发展，正在克服过去的难关，而且他们认为汤姆太过于急躁和冲动了。

每一个立足于长远的组织都有一种特定的行事风格，它使其成员之间能够正常交往并且保持关系融洽。汤姆的机构也不例外，恰恰在这里他陷入了麻烦之中。他发现自己正在破坏越来越多的行为规范。他认为，既然此时虚伪的风气已经弥漫开来，自己就再也不能够严格遵守已经建立起来的文明礼节。汤姆把自己包裹在憎恨之中，同时也试图改变机构中的错误。就此而言，这是一件好事，因为也许汤姆的能量与批评能够发挥一定作用。但是从另一方面来说，他却破坏了良好的人际关系，并且因为疏远了许多同事而日益面临着失去自己的影响力的危险。

汤姆与人们疏远是由于他的批评与事实不符吗？还是因为人们不愿面对真实的情况呢？或者兼而有之？这些是冲突中最恼人的问题，如果要弄清真实情况，往往人的头脑要受到经年累月的折磨。解决这类问题需要理解，但仅此还不够。人们总是在不断地创造自己的现实，然后对之进行再创造。汤姆创造着自己的现实，其他人也一样。仅靠理解，我们无法改变自我，无法改善环境，也无法构建远景。虽然理解是关键的一步，但是如果仅限于此，这就只能是一个消极的选择。

我在研究生院里认识了汤姆，我们花了很多时间来讨论这些事情。我们一起分析了他的情况，详细地探讨了"理解"这一问题。当然这只是第一步：如何处事，但这一步依然为汤姆揭示了很多有趣的东西。作为人，他的奋斗与其自身的合法性和价值观这种基本问题有关。由于对自己太缺乏信心，或许过于认同该组织机构，他把机构的失误当成了自己的失误。所以，汤姆在同机构中的问题做斗争时，实际上他在同自己做斗争。所以，他对下列问题疑惑不解，"我的生活有意义吗？我的存在有价值吗？还是白活一场呢？我选择的道路是对还是错呢？"

汤姆一心想弥补机构所未完成的东西。这种情感固然高贵，但是也会给他带来巨大的痛苦和无尽的冲突。在一定程度上，作为人，我们应该承认自己的内在价值，它是一种神圣的存在，并不以我们能够做什么，能够改变什么，或者能够忏悔什么而转移。这并不是说以忏悔作为生活的目标没有价值，而是我们必须爱惜自己的生命。不管我们是否实现了这一目标，也不管我们的自我定位是否达到了忏悔（一个含糊不清且胡乱解释的字眼）的高度。悔过容易成为一个空幻的目标并因其永远不能实现而折磨着我们。通常，正是为了达到更加深刻的改变，我们必须放弃那些带有附加条件的爱和恨。

为自身着想，无论就个人层面还是职业层面上而言，汤姆都需要直接面对他的好斗性格。他追求完美，如果不能够达到完美，就会形成一种惩罚自己也惩罚他人的倾向，但是这样却破坏了他为之奋斗的人道主义目标。

汤姆需要更加冷静地听取和看待别人对自己工作的反应。同样重要的是，汤姆也需要憧憬一个更加美好的未来；他需要创造性地展望自己职业生涯中的第三种景象。这种景象将能够给他的精神生活与物质生活带来安宁。最后，他还需要学会原谅自己，同时学会原谅他人的缺点。原谅是一个艰巨的任务，尤其是原谅自我。

一直以来汤姆和我不断地交往。现在他的生活比从前安宁了很多，他与同事们的关系也融洽了很多。

合作并把握成长的机会

在工作期间的旅行中，相互合作给我们提供了一个有趣的机会来发现自己处理工作关系的能力和不足。远离办公室的旅行就是一条发现之旅。当我们与一位工作伙伴一起踏上旅程时，我们常常会以全新的、令人激动的方式体验双方之间的关系，彼此之间的友谊往往就会从此建立起来。

旅行也会存在着一定的风险。在旅途中失眠是很平常的事情，因此人们也变得暴躁易怒。人们不会像在办公室环境下那样严格地约束自己的行为，可能会做出一些难以预料的举动。

随着时间的推移，办公室的生活通常会逐渐形成常规惯例。在这种常规环境下，我们在某种程度上可以控制和支配自己的生活。每个人，甚至是孩子，都需要感受这种控制意识。比如说，我注意到对于我的小女儿来说非常重要的一件事情是：每天开始和结束的时候，她知道她的玩具在什么地方，并且花点时间玩一玩。不管每天发生了些什么，她总能拥有她喜欢并且能以某种方式控制的东西。人们在办公室环境下的某些方面需要同样的东西，但是旅行却可以破坏这种稳定感。

办公室常常有着专横的人，专横的人们倾向于使其他人的感觉失衡。如果我们仍然可以和这样的人一起较好地工作，往往是因为我们在各自控制的领域内达成了默契。另一方面，如果我是那个专横的人，情况很可能是——假设我的同事是比较成功和快乐的——我已经从其他工友那里懂得了自己的有限性。所有这些通过妥协所形成的各自疆界都可能在工作期间的旅行中得到改变。

在旅行或者会议中，我也许会很好地控制自己，不至过度焦虑和失控，另一方面，有些人可能试图以完全不可预料的方式来控制我。突然间我们不得不进行许多艰难的谈判，比如交通问题、吃饭和会议的安排。在这种情形之下，多么糟糕的事情都可能发生。

此时，任何人之间都可能发生冲突和摩擦，即使一直亲密无间的朋友也不例外。在很多方面同伴可能让我们感到震惊，动摇了我们再次选择同伴的信心。同伴可能喝酒太多，酒精会给我们带来强烈的不安和焦虑的情绪，让我们不知道如何应付。我们可能会发现同伴对女服务员或者空姐的态度很不友好，我们从来没有想到他/她竟会以那样的方式进行交流。我们可能发现同事十分鲁莽，这让我们感到很不安全；或者她非常令人讨厌，而我们却从来不曾意识到。我们还可能发现自己在区分权力和控制力的问题上完全陷入了矛盾之中，而且我们从未考虑过此类问题，因为我们没有遇到过这种情况。

从积极的角度来看，旅行可以加深朋友之间的友谊，增进彼此之间的信任，因为我们有了讨论那些在办公室里从来都不会讨论的问题的时间。我们可能会发现那个非常讨厌的家伙其实正面临着家庭悲剧，我们对他的态度可能会从厌恶转向尊敬，或者至少开始容忍他的缺点。很多关系的转折都是可能发生的。

我们需要充分地利用这些时机，使它服务于改善双方的关系。首先，我们采取的第一个步骤就是自我反省——我们的经历和行动正在影响着环境。第二个也是最重要的步骤就是研究我们的同事，倾听他们的讲话，观察他们的举动，向他们学习。所有的这些都在为后续步骤做准备，其中包括交流和合作，也就是想象，行动和表达。

认真运用八步法可以把商务旅行转变成改善同事关系的契机。我们固然可能会了解到某些东西，从而让我们对某一个同事更加警惕，但是这毕竟是一个机会，因为我们对自己和同伴的缺点了解得越多，我们就越能够有效而且成功地处理我们之间发生的冲突。

在工作中正确看待个人风格和需求

我们的旅行有时会特别紧张、复杂,甚至充满危险。解决国际冲突本身往往就会引发冲突!它给最亲密的朋友带来了压力和紧张,特别是因为在公众场合的任何一句口误都可能导致所有的努力付诸东流。解决那些使人们已经受到伤害的严重冲突可能给我们带来压力,这里还存在着这种职业所特有的危险,因为工作中一些稍不留意的内心情感的流露可能就会危及办事效率,也会危及我们的名誉。在开拓新领域时许多商界专业人员会把自己当作效率和协作的典范,并呈现给公众。他们必须这样做——他们在推销自己产品的同时也在推销他们的职业精神,这对防止团队内部发生冲突的要求就更加严格。例如,如果他们竟然在客户面前争吵,那么他们看起来就非常愚蠢。

我曾经与一个小小的队伍一起旅行,这次旅行使我终生难忘。这些人是一个联合机构的代表,该机构举办了一次旨在改善工作关系的会议。因为在会议上所做的工作,我们同乘一架飞机去接受颁奖,整个旅途中大家都在斗嘴!争吵的焦点集中在谁应该去领奖或者应该说些什么的问题上。我记得在那个时候我对自己说,"这到底是怎么回事呢?"每当我回顾这段往事的时候都会为那个荒谬的时刻忍俊不禁。

不管是谁,包括解决冲突的专家,都可能会因为一些个人的事情而与别人发生争吵,或者变得暴躁起来。一个与我很要好的同事的名字叫约翰,他的工作方式几乎在所有的方面都与我的办事风格相抵触。在旅途中他所有的事情都要按计划行事,所以他会为准备了几个星期却没有实现的会面感到灰心。而我对此并不特别在乎,我认为如果"他们"不愿意见我,那就不是我的过错。我更感兴趣的是,一旦发现新机会,就最大程度地加以利用。情况越不可预见,我越感到得心应手。我倾向于关注理智的讨论,而约翰倾向于掌控感性的对话。他什么事情都想和我一起做，而我总是渴望享受独自旅行带来的快乐。他总是盯着时间表考虑下一步的安排。而我则无时无刻不留意着面前的眼睛，常常准备着推迟下一个会面去同我眼下捕捉到的人进行哪怕 6 个小时的长谈。几乎没有人能够像我这样随时准备进行长时间的聆听和交谈的，当然这样做也并非总是切实可行的——感谢上帝，约翰是一个严格遵守时间表的人。

约翰睡起来就像死根木头，说好听些，他可以让方圆两个街区以内的所有人都知道他正在睡觉。而我却恰恰相反，在星期二喝了一杯浓咖啡后，直到星期三夜里还睡不好觉，所以和约翰睡在一个屋里就像我们在"劳瑞和哈代"的笑话中看到的情形一样。记得有一个晚上，我们同住在一个房间里，我们尽力地把两张床搬到屋子里相距最远的两个角落，结果我的床差不多都搬到浴室里了。由此你可以预见到我们在旅途中当然会发生无休止的口角了。但是奇怪的是，我们两个在旅行前是最好的朋友，现在仍是。争论激发了我们对困难和忧虑进行广泛地讨论，也让我们两个成熟了很多。

好朋友之间总是能够有效地互相倾听和交谈。我和约翰就是这样。如果我们之间有了问题，我们可以探讨。另外我还有一个同事叫彼得，他和约翰的性格——你想象有多么不同就有多么不同。他安静得出奇，像扑克牌上的头像一样面无表情，简直就看不出来他是高兴还是愤怒。很多次我发现斯多葛式的忍耐竟然非常令人欣赏，对我经常遭遇的情感沉疴无疑是一副良剂。诚然，当我们和同伴与众多第三方进行着一个又一个的会面时，我们却根本不了解同伴在想什么，这样事情就不那么简单了。面无表情是一种有所保留的掩饰！确实，彼得的沉默寡言有时候会让我发疯。另一方面，它也创造了某种捉摸不透的戏剧性，每天结束的时候，我都要焦急地等待着他对会面做出的各项结论。我想如果不是因为信任彼得的话，我不会感觉那是一种享受。

彼得非常富有洞察力，他经验丰富、耐心而又聪明，所以当我们合作的时候几乎从来没有发生过冲突（本来是可能发生的）。我们所做的事情就是让自己保持清醒的自我意识和观察力，因此我们就知道了哪些问题是可以协商解决的，哪些是没有商量余地的，哪些是需要妥协的，哪些又是我们必须坚持立场的。

人际关系中的适应性

实际上，预防工作中的冲突和解决工作中的冲突的性质一样，基本要求就是调整自己，尽量适应每个同事的做事风格。这样，同事也经常需要做同样的调整来迁就我们。但是太多的迁就并不总是有益的，我们必须在迁就他人和坚持自我之间有意识地创造一种适度的平衡。

沙丽是我的同事。她的问题在于过于顺从，聆听的太多。她总是不让别人了解她的强烈感受。这种做法也可以导致同事关系出现问题，因为随着时间的推移怨恨会越积越多并最终爆发。在与沙丽的关系上，我开始就犯下了很多错误。我给她提出了太多的意见和建议，而没有意识到我需要克制提建议的欲望，给她留下说话和被聆听的空间。我还意识到沙丽和彼得一样，是一个少言寡语，字斟句酌的人。我的文化背景要求我健谈而又善于表达，对事物的整体印象来自对语言的提炼。而她的文化背景则相反，她认为理解的关键不是总结和归纳，而是从少量的语言中破译和演绎出大量的内心真实想法。

史蒂文是我的一个工作和旅行伙伴，他的性格和上面提到的人都不一样。他不是一个话很多的人，但是有时也会滔滔不绝！他有时可以变得很粗俗，不像我大多数的同事那样总是力图保持斯文——有时这未尝不是缺点。当他谈到复杂的人际关系问题时，态度会强硬起来，甚至变得十分粗野。但是他在很多方面对他人的痛苦非常敏感。史蒂文有才华也很冲动，虽然他对未来要发生的事情有着强烈的见解，有着某种因具有智慧或富于幻想而生的傲慢，他却总是静静地聆听。面对别人的强硬观点，他会保持沉默，静静地给对方足够的空间来表达，同时他又不放弃自己的观点。史蒂文是一个充满想象的人，总是把悲剧性冲突的艰涩话题带入某种艺术的境界之中。为了寻求解决问题的道路，他探索的触角能够伸向问题的每一个角落。

　　史蒂文既是我的良师又是我的益友，并且和所有的同事一样，他也是我的竞争者。竞争是工作的一个组成部分，不承认这一点，它终将会给我们一记耳光。当人们由于误导而否认竞争的存在，而后它又在工作中突然出现的时候，人们必然会感受到一种背叛的屈辱。竞争能够刺激工作效率，同时也能够增进朋友之间和同事之间的友谊。从另一方面来说，如果我们过分强调竞争，以至于排除了其他一切价值，那么竞争将会从我们的生活和良好的人际关系中抽干生命的血液。正是这些关于自我意识的课程，也即关于"存在"（面对现实并且进行自我反省）的微妙深奥的课程，教会我们怎样在这一前沿阵地上艺术性地维持平衡。最终这种平衡将促使大家既能够成为亲密的工作伙伴，也能够成为积极健康的竞争者。

友好竞争

　　每天的工作都需要我们有一番良好的表现，这是一个无法逃避的事实。无论对自己还是对他人来说，最好的同事是那种了解自我、表现热情并且拥有雄心的人。有时候为了同一目标，比如奖金或奖赏，我们可能会和这样的同事以游戏或体育的精神展开竞争。若要使竞争达到优化工作环境的目的，就一定要加强（前面曾经论述过的）自我意识训练。此外，同事之间还期待着相互支持和相互忠诚。正因如此，八步法的其他步骤也非常关键。良性竞争并不等于破坏良好的关系，如何把握二者之间的度是微妙的。进一步来说，竞争毕竟也会产生矛盾。因此，为避免伤害，解决矛盾的技巧就显得异常关键了。

举例来说，我可以就实际经验谈谈独特的大学文化。在大学里没有多少奖金可赚，仅为奖金福利而工作简直可笑透顶。教授们经营的是别人没有的智识、洞见与发现。每一天，每一次会议，都会遇到游戏般的相互取笑与竞争。我经常被某个同事的才智所战胜，于是我就得承认，"她确实不错！"如果我们的确能够按照八步法则的要求向自己妥协，我们自然会赞赏他人的精辟见解。

八步法则并不否认实现雄心及取得成就所采取的健康手段的必要性。相反地，它要求我们进行谈判解决问题，也要求调整人们的需求，但是一定要通过解决冲突而不是伤害人际关系的方法，需要通过服务于自我价值而不是服务于个体的羞辱感和失败感的方法，需要通过团结同事们而不是将其分裂开来的方法。竞争是职场上的核心，它既可以在单位内外创造一个无情的世界，也可以激励人们去成就他/她的最高潜能。究竟何去何从，选择权完全掌握在我们自己手中。

第十章　爱——八步法在家庭中的应用

　　爱：在处理日常家庭关系的过程中，把八步法则运用到每个具体事情上，就能预防新的矛盾出现，又能够解决积累已久的冲突。

　　我曾经接受了一对打算结婚的恋人的咨询请求，他们是莎拉和乔。乔是一位非常健谈的人，而且常常以一种让人喜欢的方式发号施令。似乎每一件事他都予以考虑并希望得到解决。他预约了这次咨询会谈，并且对我大加赞赏。相反地，莎拉则特别沉默寡言，一段短短的对话似乎都让她感到十分痛苦。刚开始的时候我还认为，她仅仅是在外人面前才会表现得如此拘谨，但是后来我发现大部分时间里莎拉都是这样的，尤其在详细地谈论她和乔的关系以及他们的将来时更是如此。我试图引导莎拉说话，同时尽量耐心地听取乔冗长的发言以弥补莎拉的沉默。

　　这对恋人的身上都有可爱之处，他们都很温柔，因此他们之间没有产生任何生理和心理上的警戒，但是莎拉似乎无法说清楚她能够或不能够结婚的理由。然而具讽刺意味的是，他们来此竟是同我探讨已经制定好了的结婚计划，而且堂而皇之的理由是向牧师寻求咨询服务。但是在下一步应该做的事情、长期的计划及婚后的生活安排的问题上，分歧产生了。

我很快便意识到所有的基本问题需要逐个地解决，也需要他们共同做出努力。就在那一瞬间，这个结婚计划让我感觉到了紧张的压力。我让他们试着进行一些完全没有压力而且轻松愉快的交谈。我还让莎拉扪心自问究竟自己真正希望探讨的是什么话题，乔则尽量努力地去聆听她讲话，不随意给她提供帮助或者建议。在交谈中乔的本能反应非常敏捷，总是滔滔不绝，努力地使谈话沿着他的思路进行下去，这样反而很容易使谈话终止。乔的确需要完全坦诚的沟通，而莎拉看起来更需要保护自己，以免他人窥探她的内心世界。

这两个人的性格都善良而且温柔，但是我根本不知道莎拉是不是真正需要这些。当她做某些事情的时候，她的眼睛说"不"，但是嘴上却说"是"，就好像她的外在表现没有和内心感受联系起来一样。她需要从"自我反省"这一步做起，然后再到其他步骤，特别是"表达"和"行动"。乔也需要发现"聆听"的价值——即使在沉默中聆听他人讲话也是非常有益的事情，因为沉默也是一位良师益友。沉默既表现某种情感，也使之隐藏起来，甚至有时沉默的声音可能会愈发地震耳欲聋，让人痛苦不堪。

在解决冲突的工作中，我和同事们试图从文化差异中寻找冲突的根源。文化的影响有时候显得非常微妙。比如说对沉默的看法就非常有意思，在有些文化中它被认为是正确的，而在其他文化中却被认为是错误的。对于某些人来说它意味着敌意，而对其他一些人来说却意味着尊敬。

我不肯定这对恋人的矛盾是否由文化的原因造成，但是我确实发现这两个人都很顽固地遵循着他们不同的文化背景，莎拉出生在一个拥有高度自制的文化背景之中——新英格兰农村，而乔的文化背景则是一个移民城市。

然而在获得了大量的信息之后，我得出了结论：这与文化背景无关。莎拉自身在这两方面都存在着根本性的冲突,一方面是她希望保持现在的关系,另一方面是她放不下以前的生活环境。她清楚自己过去的角色,但是她不知道自己希望扮演何种角色,也不知道自己准备扮演什么角色。我曾经一度不明白她的冲突在多大程度上掺杂着她对乔的疑惑,或者对他们的结合是否合适的忧虑。因为她太沉默了,一切只有她自己知道。

后来我听说他们放弃了婚礼,这让我感到很难过,但是也感到一份释然。几年以后我重新碰到了乔,他已经和别人结了婚,而且生活得十分幸福,但是我再也没听到过有关莎拉的消息。我认为乔过于热心于计划,但是最终他了解到了自己的真正需要并且决定放弃,这个决定同样让他感到痛苦。我觉得他们俩都对自己进行了一番审视,这次经历导致了他们婚姻计划失败的不幸,但是却让他们走上一条从长远看来更加幸福的道路。我们认为最周详的计划也有可能出错,但最重要的是我们在关系处理中必须面对现实。这对情侣需要实行八步法中的几步来认真地考虑他们共同的家庭生活和结果。在这种情况下,思考的结果导致了两个人的分手,但是不假思索的婚姻生活会导致一个更加悲惨的结局,特别是对于乔 10 岁的女儿来说更是一场悲剧。

持续的关注

家庭关系需要建立在牢固的感情基础之上,因为这个基础是我们生活的源泉。冲突是家庭生活中小小的一部分,因此必须有基本的承诺来超越冲突,而且这种承诺需要不断地培养。

在我们的家庭中,冲突会涉及个人的问题和需求。大家认为需求更接近自然的层面,处于人类存在的核心,这也是为什么在八步法中第一步"处事"是不可替代的原因。能力和竞争的问题在工厂里会触及一些人的强烈感情,但是对于大多数人来说,家庭和爱的关系影响更大。

任何关系都需要不断地维护，听之任之总会存在风险。我们更容易忽视家庭关系的维护，因为我们总是想当然地认为这种关系会一成不变，而实际上这只是一种幻想。孩子们长大离开了，父母变老死去了，而同胞兄弟姐妹则可能和我们处在一种不确定的关系中。我们可以成为终生挚友，而如果不常联系，只在家庭庆典和葬礼上见见面，他们最终的以礼相还也仅仅出于对我们的尊重。我们浪费了多么美妙的机会呀！

家庭的凝聚力并不牢靠，它经常可能会衰减甚至失效。因此，需要亲属们经常参与反思和维护。只有这样，才能让我们与血亲之间的关系不论什么时候都变得持久，为我们的家庭价值观念和尊严树起永恒的丰碑，让时间和死亡产生的不稳定的影响因素得到调整。

在家庭中运用八步法则是很有力度的方法，因为它可以提供许多种可能来实现持久的目标。一个工作上的危机可能很快就能得到处理，但是大多数家庭问题和家庭冲突会随着时间流逝而恶化，达到危机时刻后又返回到不确定性的持续状态。这为两件事提供了空间：时间对反思和成长的试验与治疗的效果。如果把我们的人际关系看成生活旅途中的一部分，那么这两方面都可以得到长期的互动发展。

只要我们不自满、不顽固，我们就能拥有很大的机动空间来改善内心生活和外在家庭关系。尤其重要的是，家庭生活常常包含一些关键的转折点，比如出生、新成员的到来、死亡和疾病。如果能够明智地经历这些过程，就能使其成为我们和家庭成员步入一个新方向的大好机会。在这些过程中，八步法则的思想及基本内容将会行之有效。

重建破裂的关系

我们面临的一个重大挑战就是如何处理破裂的家庭关系，并且提高相关能力以恢复、重建和维护这种关系。一个叫山姆的人在婚姻生活中艰难爬行，他认为他基本上已经把婚姻生活中所有的事情解决了。但是他从来没有和岳母打过交道，而事实上，他也无法完全理解那个家庭中一些奇奇怪怪的事情，比如喜欢弄些秘密的手势和安排等等。

当我在曾经工作过的一个大学里碰到山姆时，他对我表现出惊人的坦诚。他告诉我，他非常偶然地发现，妻子回墨西哥老家的同时也回到了另一个丈夫的家。第一次听到这个消息的时候，我几乎摔倒在地板上。

当我坐下来听他诉说的时候，我问自己，"需要采取怎样的步骤来帮助这个家伙处理这种极有可能带来灾难的局面？"因为没有孩子牵扯进来，所以这个问题就很明了：他究竟应不应该继续这种婚姻关系。他觉得即使妻子改变了想法，并且希望重新回到他的身边，他也是无法接受的。山姆必须处理这个关系中所有发生了的事情。显而易见，他被欺骗了，但是为了继续前行，为了尽力让这种经历不至于毁灭他的将来，他需要评估自己在婚姻中的角色。他需要审视自己，需要从自己身上找出哪些是自己需要改变的，哪些是正确的和无可自责的。

"我究竟做错了什么？我怎么会如此天真？"对于一个被欺骗的人来说，发出这样的疑问是再自然和正常不过的事情。在处理人际关系问题的过程中，即使我们不应该为所有的事情担负责任，自我反省也是一个使我们成长的好机会，并且能够让我们成长为一个更幸福、更明智的人，成为在将来的灾难中更好地保护自己的人。

最终事实证明，他妻子的家人从一开始就参与了这个骗局。他们采取了古怪的手段来达到自己的进一步需求。最恶毒的自私之处在于，他们把婚姻看成一种获取物质利益的方式。人们不愿看到这样的事实，但是没有理由让山姆来解决他们的问题或者改变他们。如果山姆已经和妻子有了孩子，那么山姆就需要实行另外一套八步法则，使自己怎样在共同抚养孩子的过程中尽量减少伤害。然而在现在的情况下，山姆最大的任务就是恢复和治疗自己的心灵创伤，使自己成熟起来。这样一来，他就能够有勇气回顾这段可怕的经历，并且能够展望自己学到的一些有益经验，以引导他在未来的生活中获得更大的幸福。

我可以帮助山姆审视在谎言中生活而不可避免的结果。如果不加改变，总有一天这些古怪的谎言注定会以这样或那样的方式摧毁他的生活，至少是暂时性的毁灭。所以他的确应该开始恢复、前进并创造新生活了。我还可以给山姆提供主要的精神方面的支持，肯定他作为人的价值。那些被深深伤害的人，那些被自己最信任的人当作工具利用的人，往往会感到自己价值的丧失。无论何时，一旦我们发现这种事情发生在自己身上，最重要的就是向其他可以信任的朋友寻求帮助，比如一位老师或者有着良好口碑的牧师。我们的自身价值需要被认同和肯定。当然，绝大多数的认同感需要来自我们的内心，但是山姆求助于他人也是一种非常健康的行为。

"自省"作为一个步骤，不在于独自实行而在于充分地了解自己和评价自己，然后寻求帮助，甚至同时考虑怎样向人寻求帮助以及如何帮助他人的问题。有时候我们需要那些值得尊敬或者信任的人提醒我们，不管别人给我们带来怎样的伤害，生活在朋友当中总比孤立封闭要好得多。这是人类满足感的本质体现，即便有时候它会带来欺骗。我们对快乐的追寻便是建立人际关系的动力。直观地说，山姆同时与我和他人产生了联系，这种关系加速了他内心的转变。

几个月以后，山姆又因为工作中的一些矛盾来找我。我们就他作为一个管理者和协同工作者的交往问题的话题认真地作了一番探讨。他不得不重复这些重要的自我反省，练习八步法则。我为他感到骄傲——他已经从糟糕的处境中找回了自我。所有工作中的矛盾都同样棘手。比较而言，他在家庭中遭受的打击倒是微不足道了，不过所有的迹象表明：他已经踏上了康复之路。

成长与转换

山姆以及莎拉和乔的案例都揭示了家庭生活和冲突中所面临的一些残酷现实。事实上，我在工作中碰到的人都能从儿童时期经历的家庭问题而引起的痛苦中恢复过来。同时，如果你读过人物传记，你会发现许多非常成功的人士都经历过他们所描述的可怕的童年时代。

世界上有很多从恶劣的家庭环境中走出来的人取得了卓越的成就，这是一件很奇怪的事情。不管自身的成就如何，有些人原谅了自己的父母，而有的人却从来没有。他们始终没有治愈自己的心灵创伤，没有走向个人或者职业上的成熟；始终不能放弃过去那些糟糕的人际关系。所有这些情况都充满了痛苦，于是一些人从不去迎接家庭关系中的挑战；这样也许可以避免一些冲突和痛苦，但是自己也不能成长起来。

"成长"在这里是一个值得剖析的字眼。我们都听过"成长的烦恼"这种说法，现在我们就从冲突的角度来做一番分析。成长就是改变，而改变就意味着过去与将来发生冲突，意味着我的过去（或者我们过去的家庭）与我的将来（或者我们将来的家庭）之间发生冲突。一定程度上，成长所带来的烦恼在维持个人和社区的稳定中发挥着重要的作用。如果在过去的我和将来的我之间没有令人痛苦的界限，那么即使是最小的压力或者失望都会导致我们不停的更换同伴，伤害父母、孩子和我们所爱的人，使我们经常背离友谊和伙伴关系。这种不安稳的生活状态大多与逃避责任有关，而不是希望得到成长的机会。

但是我并不提倡单纯为了改变而寻求剧烈的改变。在我们的生活和所依赖的人的生活之中，世界总是在不停地强迫我们全身心地对不断改变的环境做出反应。通过这些非常微妙的方式，我们总是在体验着某种死亡和重生。因此我们总能在某个内心深处感受到婴儿离开子宫时所感受的那种恐惧，那种离开安全可靠的地方时产生的恐惧。

我永远都不会忘记第一次看到长女睁开双眼的那个时刻。她刚刚从子宫里出来，没过几秒钟护士就把她直接放在我面前，让我来剪脐带。但是在我动手之前（我是如此的茫然，因此他们不得不握着我的手），她直勾勾地看着我。那个时刻，对于我俩来说，都是用恐惧的眼神看着对方的脸。同时我经历了另一种新生，一种对另外一个生命担负责任的新生，这是我长久以来一直在逃避的东西。那一整天我都在反思我从前的生活，那种生活只是为了自己，就算奋发向上也仅仅是为了自己。我和妻子互相依赖的生活从此将变得和过去很不相同，因为我们逐渐认识到孩子是完全依赖于我们的，包括食物、保护、快乐和智力成长等等。说实话，到那时为止，我仍然没能透彻地理解责任为何物。本以为快乐和成就感会随着我作为一个幸福的父亲的新生而到来，但是事实并非如此。即使现在回顾起来，那种成为父亲时产生的恐惧感直到今天仍然显得十分真实，而且我觉得也没有必要让它变得甜蜜。我和女儿都知道我是多么地深爱着她的。

任何一个抚养过小孩的人都知道抚养小孩的过程既不令人感到舒适，也没有什么完美可言。但这是一个高尚的事情，甚至还有一点儿是英雄主义的意味。我们更需要认识到，出生和成长的痛苦不仅仅是孩子所经历的，也是我们这些成年人经常体验的。这些痛苦确实会造成各种内在的和外在的冲突，但是通过实施八步法则我们能够从中感受到这些一再重复的新生和成长所带来的幸福和满足。

从困扰到解决

我不知道这个世界上还有没有比父母的爱更伟大的东西。然而众所周知,例外总是存在的,而且媒体总是试图炒作那些最恶劣的父母的行为。大多数人都不是这样对待孩子的,恰恰相反,如果我们让孩子们感到了痛苦,原因往往是因为我们给予了他们太多的爱,此外还因为我们太过热心。我们总是对于任何可能伤害他们的事情反应过于激烈,这包括我们努力以各种方式来控制他们、保护他们。而且有些方式可能会伤害也确实危害到了他们以及他们的未来。

我记得一位朋友的儿子生气的时候踢了家用汽车的玻璃。他以前也发过脾气,但是这次的破坏性举动让他的父亲感到震惊。那时我的朋友便开始对儿子有一种全新的认识,而且这让他无话可说。他不知道怎样着手处理这个难题。我劝他记住一件事情,那就是孩子的成长对我们的冲击之一便是我们开始处理这些矛盾时需要花费更大的精力。孩子们经常对自己的力量感到吃惊。他们或许还像从前那样顽皮淘气,但是实际上他们正在制造破坏,这既让他们吃惊,同时也诱惑着他们,因为任何新的发现都会诱惑人类。我认真地听着这个故事,而且我非常熟悉这个家庭,所以觉得并不需要过分关注这个问题。当然,也不能默许这种行为。然而了解冲突的背景和可能性的动机可以帮助父母避免过激反应,避免将来使矛盾激化。

尽管我在处理别人的冲突时能够保持平静的心态,但是我对自己的孩子发脾气时产生的冲突还是感到了一些不安。我的长女在 6 岁的时候度过了一个困难时期。她生病了,不能去学校,所以不得不呆在家里。但是当她逐渐康复之后,还是不想回到学校,并且开始抱怨所有的事情。我们特别容易在就寝时间的问题上展开激烈的争吵,但是真正可怕的是她的情绪不稳定——这个时刻她玩兴正浓，然后一件极小的事情就可能激怒她。当我们让她控制自己的行为时，她会扔东西、尖叫，而且还说一些可怕的话。

我们以前也有过冲突，但是我都解决了。突然之间，也就过了短短几个星期，我发现自己需要用行动来制止她。这是一个梦魇，我记得自己怒视着她然后吼道，"你不能这么对待我们！"绝望的情绪不经意间偷偷溜进了我们的心里。这是怎么发生的呢？事情会发展成什么样的呢？我开始意识到她的愤怒触发了我过去藏在心里的一些东西，一些对他人愤怒的习惯性反应。当我意识到此时已失去控制的时候，既苦恼又悔恨。

我终于发现她的问题出现在生理上。她的头、脖子和脊背非常疼痛，这就是改变她行为的根源。她感染了一种罕见的、类似单核细胞增多症的病毒，这种挥之不去的病毒使她遭受了剧痛，使她表现出上述的不良状态。而我们一直坚持认为女儿应该做好准备去上学，她所需要的只是睡眠和治疗。我们原以为她进入了青春期的反叛状态，对此我们也做出了相应的反应，但是她真正需要的是我们关心她的脊背和头的疼痛。自那件事情直到现在写这本书，我都一直为这件事情感到懊悔不已。

在我们发现了事情的真相并且改变了方式之后，她明显地平静下来了，尽管疾病的后遗症以及她性格上所产生的依赖感仍旧持续了很长一段时间，也给我们造成了一定的紧张情绪。但是她觉得自己受到了双倍的伤害，一方面来自她作为一个孩子所不能战胜的疾病，另一方面来自我们对她的反应。我在抚摸她的头和脖子的过程中始终都意识到了这一点。我试图弥补过去犯下的错误。我们在安静的夜晚共同呼吸，当她躺下睡觉时，我帮助她放松以减轻她的疼痛，同时我也在处理自己的心头之痛。

在那几个月里，我们必须学会如何在为了康复需要给予她温柔，和确认何时需要训练她回到正常生活（对她的心理和生理健康都有益的生活）之间找到平衡。这种平衡过程需要极高的敏感度和大量的试验，就像在许多例子中一个好父母要做的一样。我们永远也不能够准确地知道她什么时候确实已经筋疲力尽了，什么时候需要训练。有很多未知的因素使我们努力的结果变得不完美。在人际关系的问题上，努力工作的同时需要我们接受努力后的不完美结果是所有人际关系的关键挑战，而且我们知道在这场挑战中我们并非总是赢家。

我认为，此时在培养与宝贝女儿之间的关系的问题上，最重要的就是不停地和她交谈，听她讲话，不断地道歉。另外就是采取"理解"这一步骤。这样我们在给她治疗疾病的同时也能够维护我们之间的关系。对于孩子们来说，最可贵的是他们小小年纪却在原谅父母方面准备得如此之好，甚至是到了热切的程度。

从我们所爱的人身上效仿其积极的一面

另一个与孩子相处的关键所在就是：即使在最糟糕的情况下，也要让父母和孩子之间的天然的爱点燃下一步行动的航灯。父母必须成为同情、关爱和谅解的最重要的典范，这些都是可以帮助解决冲突的重要情感。孩子的年纪越大，他们的同情和谅解能力越容易受阻，因为他们希望与父母不同。他们自然地产生了一种抵触情绪，而不愿简单地模仿父母。如果我们总是死守着愤怒和失望的态度来对待有缺陷的父母，而不是从他们的缺点上转移视线，去积极认同我们一生都在追寻的努力前行，那么这个成长和成熟的重要过程便会造成一些问题。在人类冲突中，这只是一个众所周知的普遍现象的一部分，是将自己区别于他人的一种趋势。瓦米克·沃尔坎教授在他的著作《拥有敌人和同盟的需要》中做了详细的讨论，在其他著作中也有所论述。建立在拒绝他人基础上的消极认同是一种建立认同的廉价方法。消极的认同仅仅需要我们找到什么是我们讨厌的，谁是我们厌恶的，然后我们把自己定义于他们的对立面。

不幸的是，在消极认同的基础上我们有可能更加适应生活。从某种意义上说，整个社会建立在对别人的仇恨和魔鬼化的基础上。但是这个过程是肤浅的，不可靠的，必然导致不幸和自我毁灭。即使短期内没有导致个人的不幸，最终也会造成一个更加不幸的世界。

在青春期——或者说，实际上是成年期，对父母认同的消极抵触对于成长暂时是有必要的，但是如果我们不能度过这个时期，我们将在青春期叛逆的不幸中度过余生。我们会一直活在愤怒中，先是青春期，然后是成年期，因为我们仅仅由于年龄增长的原因而错误地认为自己已经度过了青春期。然而，真正的个人成长是指把在八步法则中所学到的东西消化掉。

消极认同是一种极其糟糕的生活方式，它把每天所考虑的全部事情都集中在所不乐意做的事情上。这是一个陷阱。从另一方面来说，如果我们对自己的身份产生了积极的认同，那么就可以与自己所熟知的并不完美的父母靠得更近一些，并且不会让双方的认同感相互混淆起来。这种积极的方式为我们在今后的生活中继续发展积极的认同奠定了基础，那时我们会开始继承那些让我们尊敬和赞赏的父母的性格。

"感觉"这一步在这里是非常重要的，目的是为了避免把对父母的积极关爱的感受同"自我反省"混淆起来。从积极的意义上来说，"感觉"这一步意味着成功谈判后所达到的程度，即"自我反省"所达到的完美程度。对于我们父母的积极感觉只会增强我们的自我意识，然而对父母的消极认同或者评价并不能够轻而易举的战胜和破坏我们在"自我反省"这一步里获得的东西。

在某种意义上，孩子们发脾气的行为本身就是在最基本的层面上测试"为人处事的能力"，这既是针对孩子们自己，也是针对他们的父母。它让所有关于生活、冲突和幸福的问题一下子释放了出来。如果父母和子女之间没有建立一种积极的认同感，那么任何解决冲突的步骤都不能成功。很明显，一旦冲突发生在父母和子女的头上（这是家庭的基本单位），成功地运用"自我反省"这一步就会为八步法则的完全实施奠定基础。

对"完美"的幻想

我们常常认为"完美"这两个字包含着一种积极的意义。这个字眼似乎与我们的审美观和愉快的经历有关；我们常说"完美"的一天，"完美"的身体，"完美"的一餐。但实际上幻想"完美"曾经给人们带来了种种麻烦。我们对自己，对他人，对我们的社区或者环境抱着不现实的期待。对于完美的渴望可能源于改善我们自身或者世界的健康需要，但是对完美的迷恋却是破坏性的，特别是在家庭关系问题上，我们必须公开抵制这种倾向。

沉迷于追求完美的核心是一种大家都熟悉的忘恩之心，是对事实真相和别人的恩惠的背叛。因此，千百万追求完美的人整天地祈祷上苍，或者胡思乱想，将全部的精力放在所祈祷的事情之上，以此弥补因沉迷于追求完美而给自己造成的痛苦。这样，为什么这些状况会在我们生活中的某个时间点出现的问题，就变成是第一步"自我反省"中的一个极好的主题，于是我们就能够从中学会感恩，学会放弃对那些从未曾实现的完美的刻意追求。

就家庭生活而言，如果每天总是希望孩子或者父母表现得完美，就会产生一种破坏家庭的微妙想法。我们常常把这种信息以一种微妙的方式传递给了年幼的孩子，于是我们就希望弄明白他们为何竟对小小的不如意和痛苦总是抱怨不停。我们经常在无意中教会了他们发表对现状的不满，教会了他们期望完美的父母，教会了他们期望没有挑战的一天和没有失望的生活。其结果便是当有人伤害了我们，我们可能就会忘记其实很多人是善良的。

究竟什么事情可称作完美呢？在很多方面它是生活的对立面。生活是不完美的。完美的身体或者完美的头脑从来不会成长，不会成熟，不会改变。完美的父母或者孩子从来不会失败，他们从来不会说对不起，因为他们从来没有做过任何错事。这种完美就像米开朗基罗的雕像，虽然永恒，被人崇拜，但是对人际关系的改善却毫无用处。最终证明这种完美是僵死的，或者只是一种幻想，它与人类生活毫无关系。在真正的人类生活中，我们需要不断经历那些让人无法忍受的不完美。

由于我们都在渐渐长大，我们的大家庭定会随之成长和改变。家庭充满了未知的东西、试验、错误和熟悉的进步。

麦克·罗斯，著名的人类冲突分析专家，他在表扬最近那些有趣的工作时提出了"足够好"的观点，以此来反对完美的观念。麦克援引了一个有点引人发笑的例子：我们理想的目标就是做到"足够好"。一个"完美"的母亲，满足孩子的任何一个需要。她总是呆在孩子身边，总是为了孩子牺牲她自己，却讽刺性地被认为"不完美"，因为她没有给她孩子独立的机会。培养孩子的一个重要的目标就是培养"独立性"，它需要抚养者的不完美。我想补充说明的是，"完美的母亲"这个观念不是为了树立一个怎样生活的楷模，也不是为了树立如何平衡自己与他人的需要的合理典范。换句话说，失望的存在是正常的，父母不能够满足我们的要求也是正常的，它是打开成熟之门的钥匙。不完美的父母给我们提供了努力奋斗的机会，让我们来改变和改善自己，让我们寻找自己的理想和前程。

如果赞美抚养孩子过程中的那些不完美行为，它可能就会被当作忽视孩子的需求的借口，这并不是我们的目的所在。每一件事情，特别是家庭中每个人的需求都需要平衡，但是我们现在应该关注的是"不完美"在正常的人类发展中的重要性。尽管失望和"不完美"总是紧密地联系在一起，但是我们仍然需要把自己的不完美和所爱的人的不完美同爱的义务结合起来统筹考虑，我们需要怀有一颗感恩之心。不完美的现实需要技巧和感恩这种道德品质来创造家庭中应有的幸福。

许多人只有在自己成为父母之后才学会这门艰深的课程。因此，我相信每一个人都应该在生命的一段特殊时期开始照顾孩子——自己或者别人的孩子。不论通过传统的还是非传统的方式来为人父母，这段经历都会告诉我们一个道理：在任何其他地方都找不到生活的秘诀。在很多成年人的关怀下，孩子们茁壮成长，并且成年人也能通过与孩子之间的责任和爱的互动以惊人的方式成长。

时常对自己说，"为我们在童年时期所得到的和所经历的一切，让我们怀有一颗感恩之心吧！"每天反复思考这个问题，以此让我们进入对自己生活感到满意的状态，这是一个十分有效的方法。与之对应，我们也可以反思我们对所谓"完美"的自欺欺人式的需求，训练我们不要对完美心存幻想。家庭的内部世界是一个不可预知的长期旅程，不管我们怎样试图训练自己，突发的矛盾还是会经常把我们直接带到过去那个更加令人心酸的失望之中。

过去总是侵蚀着现在，我们也不可能在当前的生活中逃避家庭失望情绪的挑战。那么我们如何处理失望、不完美，如何看待过去所失去的和现在所渴望的东西呢？我们怎样抵制追求完美的想法和忘恩的感受呢？如何将它们区别于我们可以也应该从家庭关系中期望得到的东西呢？八步法则最重要的前提是——我们希望自己成为一位什么样的人，以及我们自己可以做些什么事情来改善我们的关系，因为冲突的很多不安定因素都依赖于主动，取决于谁将坚持迈出第一步。这就是贯穿于整个生命过程之中的个人主动性和经验，也是在处理人际关系中的沉浮得失时变得至关重要的原因。

家庭和睦之路

通过对我父亲的审视，我希望用实例说明八步法则如何在家庭生活中发挥着作用。几年前他就去世了，此前他已经卧病在床好多年了。在有些方面他很简单，而在另一些方面又非常复杂。他在对自己的定位上有很多快乐和积极的想法，同时与他父母的关系中所产生的自我怀疑又让他异常苦恼。我确信他不具备阅读能力，而他从来没有直接承认，也没有被建设性地处理过，这导致了他深深的自卑感。在中年时的某两年时间里，他勇敢尝试而且成功地通过了一个测试而成为一名真正的不动产经纪人。除此之外，我从来没有见他读过一本书。在他年轻的时候，尽管深入地受过虔诚又严谨的教育，但是他所得到的安慰不是源自书本，而是来自他的外表、体型以及因极高声望而蜂拥而至的追随者。

从和其他家庭成员的交谈中得知，显然父亲的童年从来没有享受过他所渴求的爱，而且有时候还受到亲生父亲的侮辱和漫骂。他把愤怒深深地掩藏起来，而表面上却有着坚忍克己的韧性，有着宽宏大量的笑容。此外他对工作中的客户也十分顺从和友好。但是他是最不容易被理解的人。他出生在一个多子女的移民家庭，而且似乎从来没有得到过他所需要的充分的尊重，至少和他的兄长比起来是这样的，相反地，他却受到了亲生父亲的许多冷落。

在我们这个家庭里，由于不止一个孩子，早年时父亲也确实发过大脾气，那简直像地狱一般。我没有碰上那些年里最糟糕的事情，因为随着时间的流逝，事情开始平静下来。而迄今为止我是最小的孩子，而且搬到学校已经很多年了，因此对家庭矛盾的动因也有了更充分的理解。我不是受害者，但是毕竟早早地目睹了很多事情。我目睹的太多了，而这目睹的过程本身仿佛就是在开辟进出地狱之路。它自身所携带的伤害可以持续作用于一个人的余生。

和解的艺术

我逐渐长大以后，虽然和父亲一起在犹太教堂里度过了很多时光，但我在很多问题上仍不同意他的观点，我们也没有共同的兴趣。当我还年轻的时候，他在所有重要问题上的沉默而绝非建议之辞都令我异常震惊。这是对家庭责任漠不关心吗？是缺乏信心吗？还是对该角色怀有矛盾心理的缘故呢？一时很难解释清楚，但是影响却是强烈的。

我父亲创造的家庭生活和他的公众形象很不相同，这是早年那些冲突的根源所在。那时候孩子们都很小，都需要关爱，这是家庭遇到最大挑战的时期。当他从二战战场上回到家中的时候，家庭中的对抗变得粗暴残忍。每个成员都拿起了所有可利用的武器——那些被用来做出最大伤害的攻心武器——相互攻击。这一切只能证明我父亲自童年以来一直感同身受的事情的真实性，也就是说没有人对他表示尊重，抑或他根本不值得受到任何尊重。在这个世界上他最渴望的东西就是尊重，因为他经常对"英雄的"人们表现出强烈的崇拜，包括他的父亲，一个经常得到他人的尊重和崇拜的人。这亦是他对电影明星（比如约翰·瓦因，克林·伊斯特伍德，格里高利·派克和乔治·C·司各特等）如此感兴趣的根本原因。他热切地渴望得到一种梦幻般的生活，一种得到每个人尊重的生活。

在他的工人阶级生活中，父亲确实在很多场所能够受到尊重，比如马萨诸塞州的工人阶级聚集地——切尔西镇上的油炸圈饼店和理发店。在他去世后，我们惊异的发现他竟是如此的受人尊重。就像大多数人一样，他并不需要征服世界，但是他确实需要一片载着荣誉的小小绿洲。然而，父亲很痛苦地意识到，在狭小而卑微的地方，在贫穷的底层环境中所获得的尊重远远不足以让他赢得兄长、家庭及宗教社区的尊重。在那个世界里，富有的商业巨头、医生和教授在极大程度上控制着尊重的尺度，在父亲生活的年代这种现象变得越来越严重。他所生活的年代是第二代和第三代移民所生活的充满变化的时代，人们对于地位和成就的态度也一直处在发展之中。就像成百万的工人和二战的老兵一样，历史的影响以某种方式直接掩盖了他的很多成就。

我进入青春期的时候恰恰是父亲开始衰老，变得迟钝而且多病之时。通过早熟而且饱受痛苦折磨的眼睛，夹杂着恐惧、不信任和惋惜之情，我清清楚楚地观察到这一切，并为这一切给他造成的伤害而感到痛惜万分。似乎在那些年月里，他感情上得到的满足是如此之少，以至于食物成了他的一个重要的精神寄托。我怨恨他，惧怕他，同时也产生了一种难以抗拒的、极端的怜悯之情。

当然，并非所有的事情都是糟糕的，实际上仍然有很多美好的回忆。父亲确实有许多健康的习惯。他比我们任何一个人都睡得好，显然受到父母正面的影响；他强烈地爱着自己的同胞兄弟。但是在家里他似乎从来没有感觉到完全的舒适。他并不像其他参加过繁重工作的中年人那样在家里享受清闲。毫不夸张地说，他渴望每周7天都出门工作，其实他并不需要做这么多工作来养家糊口。甚至有时周六的晚上他也要到工作的地方呆上一小会儿，检查他所拥有的物件。星期天的下午他会回家稍微早一点，然后吃饭，看一会儿电视就睡觉。

那个时候，家庭是他生命中所做的最不成功的地方，也很难使他感到轻松。他很少和孩子们交谈，即使在我们最需要建议的关键阶段，他也似乎总是缺乏给孩子们提出建议的能力。一般而言，他的家庭充满着善意的小玩笑，然而却缺少身心投入的心与心的交流，于是我们这些孩子都转向了母亲，和她进行无休无止的交谈。后来所有的情况得到了改善，但是在早期阶段，也就是在父亲的中年时期，我们的家庭关系确实令人沮丧。

但是我知道父亲是爱我的，他的爱不是通过语言而是通过其他的许多方式来体现的，特别是当他变老和生病之后。实际上，在后来的日子里，他和差不多所有孩子的关系都得到了改善。随

第十章 家庭中的八步法

着时间的流逝，我几乎是不由自主地开始对他产生了一种同情、敬畏和与日俱增的爱戴之情。

很多年以来，因为我无法从父亲那里得到某些东西，所以我一直都处在愤怒之中。在任何有实质意义的事情上，我无法从他那里得到哪怕是简单的口头交流。即使是我在生活中犯了大错的关键时刻，他也不会提出任何建议。我从来没有培养出希望他不发脾气也不实行暴力的安全感。这显得十分滑稽，就像我们盼望着更加美好的境况出现时，到头来等到的却是一个又一个老人的新缺陷一样。即使时间的推移和年龄的增长都没能够为我完全消除对暴力所产生的恐惧，至少是对于有着深刻记忆的孩子来说是这样的。我等待着一些真诚的道歉，但是一切都是徒劳。家庭中的其他人也没有等到那种口头道歉。

慢慢地我终于意识到父亲的身体在不断恶化，不久之后，我对没有从父亲那里得到什么的悲伤，转化为了对当我有机会却没有把握好能和父母共同经历的事情的悲伤。而不管死亡是现在的还是将来的事情，哀伤、死亡会让我们把所有其他的悲伤转化为对未来的期望。

作为一个男孩，我讨厌看电视，也讨厌吃那些让人长胖的食物。但是我经常被迫去看，去吃，因为父亲喜欢——直到现在我还保留了这个习惯！当看到父亲这么做的时候，我感到非常悲哀，那些让人上瘾的东西每天都在一点儿一点儿地残害着他的身体，对此他却一概否认。尽管医生们似乎也都这么认为，但是很多人还是不想去尝试着改变那些生活方式。

当我成年以后，开始为一些基本的"自我反省"感到困惑。究竟什么力量驱使着我们模仿父母的行动，然后又开始怨恨这些事情呢？为什么我们摹仿父母最糟糕的一面而不是最优秀的一面呢？这种摹仿又是在什么时候开始的呢？为什么我花了那么多年的时间去悲叹父亲没能够给我什么，而不是去欣赏他的为人呢？

我们中的很多人会仔细思考父母的失败，然后在一种荒谬联系的转移中把这些失败变成了自己的失败。这是家庭中一种既典型又具破坏性的联系。将爱与其附带因素强制性地结合起来是不可避免的，但是我们具体是怎样联系的，是与积极的爱还是与憎恨混合的爱联系在一起完全取决我们自己，并且这是一件很难让人理解的事情。

在那些年月里，我一直在研究定向思维的危害，特别是在看待像我父亲这样的自由男子主义典型时，它们往往比表面上的危害要复杂得多。我开始意识到他迷恋坚强的男子汉其实与他对战争的本能反应毫无关系。实际上，他在战争中避免了直接战斗；而即使是在艰苦的城市环境下，为了避免工作中的斗争和伤害，他似乎也放弃了自己的做事风格。

在他去世前的两个月，有一次父亲的视线从自己因中风而扭曲的身体上转向了我，说道："我害怕。"我扶着他一起出去散步，在那些日子里，我们共享着纯粹的宽容与理解，融入彼此的内心，那简直是我这辈子所经历过的最美好的散步了。鸟儿唱着歌，树木林立，在夜幕降临时深蓝色的天空下，我和父亲手拉手，沿着一排棕色的老电话亭走着，父亲斜靠着它们，享受着宝贵的生命；每从一个电话亭到达下一个电话亭都需要经过英勇的战斗，中间记录了他最后英雄式的散步时所留下的短暂足迹以及他保持尊严的高贵决心。

这些迟来的联系似乎弥补了他一生的沉默——这是对于父亲来说最悲伤的时候，他的生命力在不断地衰竭，这也是儿子一生中最满足的时候。靠在一个电话亭上，他因为动情而哽咽，他会说到他的腿，"他们不好用了，不能走了，"我会保持沉默，一直等到他继续向前挪动为止。靠在下一个电话亭上，他会说，"我不能走了，"然后我会说，"你总是能做到的。"有时候他会问，"为什么你对我这么好？"我有时候会保持沉默，有时候会说，"因为您值得我这么做，"然后我们都会保持沉默，这个时候沉默和言语一样有力度。

因为身体上不服老和意志坚强，也因为他的慷慨和不错的幽默感，父亲在去世时得到了大家的爱戴和尊重。甚至年轻的子侄们也很喜欢他，并从他那里获得了建议——是的，建议。这最后一点对他作为建议者的赞扬，把他和他的家人都弄糊涂了。对于一个一生都卷入冲突和对他的家庭保持沉默的人来说，这是一个难以意料的结局。

循序渐进地解决问题

从解决冲突的八步法则的视角出发，我们如何才能从这个故事中学到一些有意义的东西呢？这些步骤是潜在的解决方式和信息的贮藏处，它们需要在各个环境下对每个冲突做出相应的调整。有些步骤可能处于中心地位而其他步骤则起着辅助作用，这取决于每个关系中所需要做的事情，也取决于那些可以做的事情。确实，分析家庭问题的时候需要对每一个问题的所有复杂细节逐一观察，然后评估每一个应该采取的行动。我们已经从所举的一个例子中观察到了它的复杂性，我们现在就从八步法则的角度重新回顾整个事情的过程，研究一下哪些事情是正确的。

也许我们家庭关系中最主要的挑战就是我父亲不得不面对过去的行为，但是他天生就不擅于公开讨论这些问题，特别是和他的孩子们。换句话说，完成"表达"这一步很艰难。另一方面，在后来的日子里，父亲的内心深处产生了变化。这些反思，作为"自我反省"这一步的一个部分，导致他在很多方面做出改变。随着年龄的增长，他似乎变得越来越主动地聆听别人讲话，从与他的关系中，我明确地感受到了这一点。他开始提出问题，特别是当他听到我母亲说有什么事情不对或者进展不顺利的时候，他对我们的生活表现出了好奇之情。他有一种询问那些非常天真的问题的策略，从他自己所建议的事情上来看，这些问题实际上是显而易见的，根本没必要，但是他的提问还是让人觉得挺可爱的。我记得曾经注意到，他长时间地认真听着我的姐妹们从远方打来的电话。实际上，自从中风不能出门以后，他养成了一种有趣的习惯，那就是不让别人挂电话，他会一直听着所有的对话，哪怕是我们在给母亲打电话的时候。但是我感觉这并不像是一种侵犯，而是一种关心。

有的人花了大量的时间去改变，但仍然遇到了挑战，那就是因为其他家庭成员已经习惯了老人从前的行为方式，很难适应他正在实施的新计划。事后我才意识到父亲和"自省"、"聆听"、"理解"这些步骤斗争了很多年，才真正实现了突破，才养成了一些新的习惯，锻炼了一些新的技能。这些直接推动了他在"行动"这一步骤上意义深远的突破。他一直都擅于运用表达关心的象征性手势，而这也成为了他建立关系中的突出主题，而且这种"行为"也反过来对表达和聆听产生了积极的影响。

我是在很晚的时候才意识到我的父亲一直在试图通过"行动"来交流，但是没有人理解。从他的烹饪和他对感情的天赋，以及他主动向朋友们提到孩子们的自豪感来看，他一直在传递一种信息，一种和解、歉意和爱的信息。他试图采用多种方式交流，但是这些非言语的方式才是解决冲突最重要的组成部分。

没有人可以从根本上改变自己的性格，但是经验却表明我们有能力做出一些小小的调整，而这些调整往往可以在治愈整个一生的麻烦关系中所遭受的伤痛。有时候，他觉得那些长期存在的而且令人厌烦的爱都有生命力，他渴望着最小的调整来获得人际关系的新生，而且时刻准备着。家庭的纽带蕴涵着对爱的渴望，这个事实常常会把微小的调整和手势转变为解决问题。

而我家的情况，父亲和孩子们在小小的习惯上做出的改变，对人类缺陷的毫不宽容和对可厌之事日趋增长的容忍度，似乎都为和解的到来打下了基础。令人吃惊的是，在这十年里家庭的缺陷轻而易举地就被当作了不可弥合的裂痕之象征和"宇宙"大战之借口，而到了下个十年就成了无谓的烦恼的主题，甚至成了幽默中的笑料。人类的精神有着惊人的弹性，家庭的精神也是如此。为了解决矛盾，我们只有采取这些步骤来激发它，发现它。

　　一点点的前进也是解决问题的关键。我甚至相信在他中风后，父亲用自己的方式在和兄弟姐妹们相处时显示出最善良的一面。我多年没有见到他们曾有过如此亲密的接触，共同享受过如此的快乐。当他非常虚弱的时候，他们都来看望他。一个兄长陪着他一连观看了几个小时的电视节目。这种带着"感觉"的新场景为许多微妙的变化铺平了道路，包括向目睹这些变化的"想象"迈进，也包括一个人的成长（这种成长也带动了其他人的成长）。

　　至今我还记得，我们兄弟几个曾经给父亲买了几盒磁带，因为我们知道，他十分喜爱听音乐。有一次我播放了纳·金·科尔的磁带，然后把母亲带到父亲的房间，于是这个房间成了真正意义上的社交聚点。我让他们两个人一起跳舞，于是他们享受着那个美妙时刻。我当然知道父亲的身体是多么不稳定和虚弱，而且也知道如果失败了，父亲也会感到尴尬，但是我也知道跳舞意味着我的父母在过了半个世纪之后又在一起享受生活了。那时候我的外甥女正在我家，我现在还记得她的狂笑声，因为我不知道她以前是否见过她的祖父母在一起跳舞。这种行为将自发的行为带入一种境界，一种尽情地享受生活的境界，而不再计较接下来将要发生的事情。

　　一整天我都站在卧室的一边，好像在完成一个使命，为正与疾病做斗争的人带去一点快乐。我静静地看着，心里升起一丝自信，我觉得老天注定我能够把这个时刻与父亲的问题和谐的结合在一起。世界上的其他一切事情都变得不重要了——对于像我这样曾经饱受世界上很多麻烦困扰的人来说，这是很难得的幸福。

我那天什么也没做，我的哥哥姐姐在此之前也都没有做什么，每个人都在想办法利用自己的想象力来让父母过得更幸福一点，让不完美的父亲在晚年得到他所应得的舒适和关爱。

家庭关系的许多方面将永远不为人所知，但是对于我自己来说，我知道，如果我没有多年来一直从事"自省"、"感觉"、"聆听"、"表达"、"行动"以及其他八步法的训练，我就不可能创造那个富有想象力的时刻。这就是为什么这个时刻在我的记忆中留下了深深的烙印。它就像是一个旅程的终点，就像是对努力工作的报答。总之，它就是解决冲突的旅程中的一部分。

第十一章　和谐——八步法在社区中的应用

> 和谐：在社区生活中结合八步法则，我们就既能预防新矛盾的出现，也能解决旧矛盾。

这些年来，我们培养了一批学员，让他们学会解决冲突。学员中不乏佼佼者，其中有个叫山姆的人，来自非洲，是利比亚战争的幸存者，也是一个勇敢的宗教维和使者。他经历过可怕的大屠杀，多次死里逃生，但他依然冒着生命危险去关心西非战争的受害者，并在几个国家组织维和活动和重建工作。他之所以取得成功，一方面是因为受过解决冲突的正规训练，但另一方面，更关键的因素在于他的人格魅力。他不仅自己走出巨大的暴力阴影，而且还为他人疗伤——正是在这一点上他的表现不同凡响。

山姆对我讲过他帮助一些"孩子兵"（童子军）的故事。在世界各地，都有一些军事集团利用孩子在战场上进行杀戮。成百万的孩子，因为容易引导，容易控制，并且很少顾及自己的生命安全，于是就被成功地训练为杀人者。武器制造商也把武器造得越来越轻，以便孩子们可以使用。恐怖分子为了控制孩子，往往杀掉他们的父母，甚至让他们亲自动手。有人看见一些孩子一手持枪对着人群扫射,另一手还抱着玩具熊。这些"孩子兵"已经成为非洲的痼疾。战争结束后,这些孩子成了没人愿意收留的流浪群体。山姆,作为一个牧师,对这些流浪少年倾注了关心。

山姆成功地使这些战争杀手——一手持枪一手抱着熊的孩子——反省自身进而成为其他孩子的榜样。这些经历让山姆本人也深深地为之触动。山姆有巨大的同情心,对任何事物都有深刻的感触,这一点正是他之所以成为优秀冲突解决者的关键所在。他既对孩子们在战争中的行为感到厌恶和反对,同时也对孩子们赋予了无限的同情。孩子们知道并感受到了这一点,尤其为此而感动。孩子们自己的社区、自己的家庭大多因为受害于杀戮,拒绝他们返回家园。

由于工作的缘故,这些退役的孩子兵把山姆视为父亲。恐怖分子与战争狂人时而引诱孩子们回到战争之中,但是因为山姆的影响,他们拒绝了。

山姆虽然也有自己的孩子,但是当他从这些不受欢迎的孤儿口中听到"父亲"这个字眼时,他还是被打动了。我和山姆曾在一起工作,致力于解决他的同胞之间的冲突。他给我讲过自己惨痛可怕的经历,然而,有着那样恐怖的经历,还依然对孩子们倾注着关爱,这不能不令人钦佩。几年前,我曾掌管一个非营利机构,负责发放资金给山姆这样的和平使者——他们思想进步,并在为改变这个世界而努力。我们的工作致力于非洲的治愈与和解,这个目标需要落实到一些非洲村落的重建与恢复。在我华盛顿特区的家中,我们两人谈话的情景依然历历在目。山姆是个英俊的非洲人,有一双深沉、忧郁的眼睛。因为表情总是很随和,所以人称"微笑的山姆",本来就温和的嗓音因为讲述一个苦难的故事而更加柔和。

山姆详细描述了战前利比亚偏远地区的几个部落的生活状况,以及它们各自拥有自己的疆域的情况。他在纸上仔细描出各个部落的准确位置,然后具体描述了其中的一个小部落。这个部落被其他部落环绕着,但因为战争而陷入攻击与反攻击中,最终近乎被毁灭。这个小部落本想立于战争之外,但却没有其他选择。

他说其中许多人逃到灌木丛中,却从此杳无音信。如今能够找到的只有1万人,而从前这一部落的人口是9万。这意味着这个部落中90%的人口失踪了,很可能已经死了,换句话说,近于种族灭绝。他指着地图上这一部落的名字,没有抬头看我,安静地说:"那就是我的部落。"在我公寓的餐桌上,窗外能看见公园里美丽的鲜花与树木,我直视着他的眼睛,然后要求他再说一遍。他抬起头也直视着我的眼睛,说道:"那就是我的部落。"

那一刻我真想尖叫起来。在那之前,我从来不知道山姆是如此巨大暴力的牺牲品和幸存者。我总是把他当作一位强有力的和平使者。他总是不知疲倦地做着杀人者的思想工作,关心他们的需要以及他们内心的生活。谁曾想到他的遭遇竟是如此的不幸,被剥夺了自己的社区与文化,他孩童时期所熟知的那么多东西都已经失去了。

山姆属于这样一种富有活力与弹性的人,这样的人在地球上并不多见,他们能够挺身度过最残酷的灾难,进而蓬勃发展。这些人教会我们如何面对悲剧,演绎我们自己的人格——显然这并不单单涉及解决冲突的技巧问题,它更涉及自我康复,涉及各种品质的综合协调。他们给面临同样艰难状况的其他人提供了一个优秀的典范。

我读过山姆所在组织提供的报告,其中有位叫伊曼纽尔的成员。他是这个小组里的另一位和平使者,他谈到一次与曾经当过童子军的孩子们座谈的情况,做这些没人要的孩子的工作非常困难。伊曼纽尔记得,在那两天的座谈中,孩子们是多么的难以驾御,似乎说什么都不能使他们集中精力。最后他决定直接对他们进行"心对心的交谈"。他讲了自己的生活和奋斗历程,孩子们着迷地听着。孩子们喜欢故事——实际上我们大家都喜欢，只是孩子们会更直截了当地承认——而且，看来孩子们还从未见过一个好的成年人的典范，从不知道一个善良的内心会如何工作。他们需要见识与体验这样一个成年人的内在生活，这样的一个成年人能够教会他们感受他人的苦难，同时也体察自己的苦难。

当我们面对极端的伤害时，没有什么会比人格魅力（character）更重要了。人格魅力保证我们能够统一并协调前面叙述的各个步骤，并且辅之以同情，站在我们面前的人的同情。对这些孩子来说，首要的也是最重要的是，找到并发现新的父母和使他们重获成长的家园——一个道德的、爱的家园。他们至少能在某种程度上重获他们的童年、清白和父母。这些新的父母将促使他们生活在暴力较少的世界。这虽然不能解决一切问题，但至少提供了一种新的开端，尽管人生的旅程还很漫长。

对山姆与伊曼纽尔这样的人来说，他们的人格魅力使他们身处暴力之中依然保持爱的能力。他们把自己奉献给了孩子们，并在其内心深处寻找力量源泉，来做杀手们的心理工作。

培养这种人格魅力——构建和平与和谐所需的人格魅力——是冲突解决的最后步骤，走向解决的所有其他步骤都需要它来统一和完善。我们即便能够得到全世界所有管理与解决冲突的训练，但如果我们不能了解自己的内心生活，如果我们从未培养过自己的人格，那么全世界所有的技巧也不能帮助我们解决身边的冲突。

倾　诉

山姆的人格魅力是他作为和平使者与冲突幸存者取得成功的关键。他有着的爱之源泉，他的爱甚至给予了那些其行为让他鄙弃的人。孩子们需要他做父母，他就接受了。他为人谦逊，他能够真正关注与倾听与他在一起的人。山姆还主动而且自然地调整他的交流方式以适应面前的人的需要。他创造性地运用八步法治愈了自己的创伤，而今又运用它们来解决整个社区的矛盾冲突。

伊曼纽尔的人格魅力较之更为复杂一些。当他决定——或许由于这些长期当兵的孩子的顽固不化而恼怒——直接与孩子们做心与心地交谈时，他违犯了冲突解决领域里不成文的规范。通常，调停冲突的实践大多集中在怎样设身处地地进入他人的冲突中——通过帮助实现对话或者通过训练使他们以新的角度来看待自己的冲突。但是伊曼纽尔没有选择诸如角色扮演、模拟或"赋予新力量"的其他训练方法，而是诉诸内心。不是几分钟，而是长达几天。他发现这些迷茫的穷孩子需要他的故事，需要看到他的内心活动，于是就展现给他们，接着便起了作用，他们平静下来了。

他给我们讲述了一个故事，这个故事孩子们可借以移植并用来帮助自己逃避自己内心的迷乱——尽管是短暂的逃避。他设法捕捉孩子们的注意力以及他们的心灵，通过创造一个空间使他们倾听怎样与人相处。他发现孩子们需要一个非暴力模式的典范，需要见证一个人虽经历痛苦和丧失却没有走向杀戮。伊曼纽尔的方法需要自然天性，但也需要更深刻的东西。他需要首先深入自己的内心深处，然后才能打动孩子们，使他们发生深刻的转变。

伊曼纽尔与孩子们的这种交流方式无可指责，但就他本人来说，这仍需要很大的勇气。伊曼纽尔给这些孩子讲述自己的故事，必须暴露他的内心最深处。这些从前当过兵的孩子们心肠很硬，有可能为了报复而对他施以伤害。今日非洲面临最困难的解决工作，伊曼纽尔把自己的人格魅力融入其中，由于这种勇气，他的工作受到所有人的景仰。

实际上，人格的培养，既有助于进行自我疗伤，也可以触动旁人内心深处的苦难，因此它在协调各种关系中都发挥着至关重要的作用，尤其在诸如父母与孩子、教师与学生等关系中，我们自己首先要成为别人的典范。人们常常以为年轻人学习的最好方式就是听取老师或其他大人们说什么或怎么说。但实际上，大多数的学问来自对这些权威人物（作为典范）的观察，即所谓看。孩子们正是通过对伊曼纽尔的"看"和"听"走向了转化。山姆与伊曼纽尔的杰出工作在孩子们身上显示出极好的效果。

我们许多人被置于被动的学习状况时会有逆反心理。人们不会心甘情愿地接受他人的改造，于是对课堂所学的很多东西往往会加以排斥。但年轻人对于怎样生活怎样做人由于没有把握，会静静地寻找典范。尽管不承认，他们总是在好奇地寻找。

我是以极不寻常的方式学到这一道理的，那时我还是孩子，在教区学校里读书。老师们没完没了地讲课、训诫与责备，而留在我记忆中的却只有恐吓。但当时一个叫拉比·塞图恩的老师却与众不同。他并不是一个好好先生，他认为你做错了就会让你知道。但让许多学生至今爱戴的原因在于他能巧妙地识别出你，并同时让你知道他对你的关爱。他的关爱以及没能按他要求做时的负罪感，甚至30年后的今天，我们依然能够记住。

拉比·塞图恩习惯于向你走来并装作进行体罚。他总是轻柔地——简直像个拥抱——抓住你的肩膀，然后用他那恐吓似的德国口音说，"那么你的作业呢，格平先生？"然后，他发出咕哝一声让我们感到神经发毛。我至今还能记得那声音。他还把我们的英文或德文名字按照词源学翻译成好笑的希伯来文，在课堂上叫出你的好笑的名字。你忍俊不禁，并立即集中注意力。有些教师大叫着让人注意，而他只会悄声读出，却神奇而奏效。在这位不平凡的大屠杀幸存者身上有股神奇的力量。有他在场，你只会好好表现。

从拉比·塞图恩这样的最好的老师们身上，我记得的不是他们教会我什么，而是面对知识和道德难题他们怎样思考。他们的智慧与心灵都展现出了比他们的教学内容更重要的东西——那是他们教学背后的机理。我们是从他们的角色本身而不是从他们教的

第十一章　和谐——八步法在社区中的应用

内容学到这些东西的。这是一门包含了所有人类遭遇的人生课程，已经远远超出了常规教育的范畴。

当我们从解决冲突的技巧角度来考虑这种人格魅力，便意味着我们用这种魅力方式比用言行更能影响对手——不管我们的语言和手势如何地有说服力。我可以证明这一点：有时候在一个令人绝望的情况下，任何专业程序和技能都不起作用了，而我作为一个人却可以起到影响。我曾经目击了许多暴力冲突，在这些冲突中，双方不可能达成妥协，也几乎不存在理性的对话。在那种情况下，个人的友谊、忠诚和爱可以打破各种看似不可能穿越的障碍。在那种情况下，确有一些优秀的人能够将我们在八步法中讨论过的各种技能和道德品质融于一身并且能够将它们和谐地融化为有关友谊和义务的基本生活信条。这些技能和品质能够帮助我们在恶劣的环境下维持关系直到治愈的机会到来。这就是协调的本质。

主动向敌对方示好

在我的记忆中，曾经有一个特殊时刻，它使我的内心发生了改变。我曾经通过电话给敌对双方（一个巴基斯坦人和一个以色列人）传递了一条消息。这两个人都是我认识多年的战士。他们都跟随各自的政治领导者为和平而工作，长此以往他们成了朋友。至于我，因同他们的政治领导者一起工作，也便成了他们俩的朋友。这两个人住在离我三千英里远的地方，不过他们中的一个曾经有机会到美国做形势报告，并曾到波士顿看望我。他们两个都居住在以色列西岸，相隔仅仅10英里。他们虽然都没有足够的能力来阻止暴力，却不乏朋友般的互相爱护与关心。无情的政治、军事和意识形态暴力和互相倾轧是他们无力改变的外界压力，然而能对他们两人间的关系完全负责的还只能是"他们"自身。

我记得当时我坐在家中孩子的玩具屋里，看着阳光透过树叶，暂时忘却了在电话上传递这些消息的困难。由于各种原因,让他们自己直接在电话上交谈太危险了。于是我就帮忙传递他们的问候和一些巧妙而隐蔽的计划以推动和平的进程。我坐着聆听并传达他们的对话。这两个战士用直白的语言对我说:"告诉他我爱他。"

听到这些话,我被深深地触动了,由此内心里也产生了一些新的东西,这并不意味着原来那些致力于改善境况的实际想法就此消失了,但这些话不由得令人肃然起敬。我曾经期待的只不过是一个类似政治声明或者会谈安排之类的策略上的消息,因为当自己的亲人正被战争和死亡包围的时候,通常不会诉诸内心——发自内心的语言就像刀割一样让人心痛。我记得我曾对自己的角色感到出奇地神圣。如果没有那样一种特殊的友情,我就不可能有幸看到这种人类境况的真相。这算是一种幸运——同时不免也是一种悲哀,因为这样会更倾向于去谴责那些发动战争和侵犯人权的顽固分子。我所认识的许多人远离了这些战士的初衷,因为谴责人性现实总是比面对人性现实更容易。互相关心的人们会陷入政治和军事机器的相互摧毁之中,要接受这样的人间悲剧总是困难的。作为人类,虽然我们也经常身处灾难中,然而,毕竟有些人做到了。在很多人死去之后,在他们自己经历了难以逃脱的伤害之后,如果这两个人仍能像这样保持相互的关爱,那么一切都是可能的了。

这只是一个瞬间,但往往就是这一个瞬间足以让我们走上更有意义的生活道路,并让我们的心灵变得更明智。即使是在最激烈的战争环境下,这两个人仍保持着珍贵的友谊,从中我学到了英雄主义的力量。我懂得了:当所有其他途径都失败时,为了修复关系以及触动对手,打开你内心是多么重要。我认识到:当我们与他人面对面打交道时,我们的人格构建比我们解决问题的方法更重要。这不是说我们不应该培养解决涉及对手问题的技能,而是说，如果他们在战争中都能拯救爱和友谊，那么毫无疑问，我们就应该从自身的生活入手，做到如此这般。

同时接受好坏双方

很长时间以来，我一直对一个问题感到疑惑，那就是为什么向自己的对手表达爱是如此的困难呢？也许这和为什么爱自己是如此困难的原因相同：那就是，要接受一半爱一半恨是很困难的事情。要接受你在爱着自己的一部分的同时恨着自己的另外一部分这个事实，是很困难的。自我反省有助于解决这个问题，但是很多人明明是自己的过错却非得责备他人。相反，有些人为别人犯下的错误而责备自己并且因此满心沮丧。当生活中一些重要的事情没有实现时，他们很难不将责任完全归咎于自己。同样，人们有时将谴责之词一股脑地抛向某人，却往往只是因为没有其他人可以抱怨。例如，慈爱的父母会对他们一贯深爱的孩子勃然大怒，有时原因就在于此。他们在愤怒中无法坚持全面地对待孩子。孩子突然就变成了所有生活问题的根源、变成了所憎恨的一切事情的地道的化身、变成了家庭的破坏分子——其他种种可怕的想法也会一股脑地涌上来。这种简化思维在强硬的敌对分子中是很典型的。

在同一时刻坚持好与坏的双重判断并不容易。我们必须努力培养出一些有效的技巧，并形成一些习惯性的心理暗示，以便在我们失去耐心的糟糕时刻发挥作用。那些时刻会产生高度的紧张和烦乱，冲突很容易变得失去人性，爱的能力也会大打折扣。

这两位朋友（一个以色列人、一个巴勒斯坦人）教会了我怎样把好评价和坏评价结合在一起。他们彼此都很清楚其双方意识形态阵营中存在的缺陷，也清楚地了解很多人的恶劣行径。在细节上，他们双方的长远政治主张的确有分歧，但是，他们对彼此以及对各自的家庭又是如此忠诚。这种忠诚意味着他们会始终成为可靠的和平工作伙伴。他们相互间诚挚的友谊和关爱比任何寻找妥协和解决的技巧手段更持久可靠。他们各自所需要的，只是将所有治愈的能力进行整合。他们已经走向了协调关系的这一关键步骤。

我注意到他们之间对话成功的一个关键所在是认真的聆听对方和对彼此的开诚布公。耐心聆听他人说话是一条很重要的原则，这一点我们在"听"这一步已经讨论过了。现在，我们需要将它融合到"协调"这一步骤中去。

通常情况下，了解别人的世界对于心灵的成长是非常有帮助的。比如说，阅读名著可帮助我们为自己的内心生活树立一面镜子，同时也帮助我们进入他人的世界。从赫尔曼·麦尔维尔的小说《白鲸》中，我们从亚哈船长身上学到为什么以及什么时候人们会变得如此迷乱，以至他们要摧毁身边的一切。我们可以从亚哈船长这个角色身上看到我们自身的某些方面。我们许多人身后都有一条追赶的"巨鲸"激励着自己的生活，它给予我们一个目标，同时也会导致失望和沮丧。这条"巨鲸"的存在，开始是一个伟大的目标，而结果却成为一个毁灭性的负担。

在梅尔维尔的《Billy Budd》中，我们也可以看到自身的影子，一个好人因为太善良以至于成为被嫉恨的对象而陷入糟糕的境地。我们中的许多人时不时地经历这种遭遇。这种嫉恨经常发生在相互竞争的家族之间。我们必须警惕招致这种嫉恨。通过名著来进入他人的世界是避免这种灾难发生的的一种很宝贵的方法。

广泛而直接的交往是最伟大和最富挑战性的工作，它能引领我们走向和谐的生活。我们所聆听和学习到的东西越丰富多样，在解决冲突中就能表现出越多的耐心和创造力。几种宗教传统的教育训练使我认识到，在聆听别人说话时最好的方法不是自我炫耀，陌生的地方和不熟悉的文化环境——比如，一个沿街的小酒吧——倒有助于达到聆听的最佳效果。

聆听可以帮助你暂时忘掉自身，忘掉束缚自己的各种规范，由此可以帮助恢复真正的自我，并将你所学到的东西进行整合。在解决冲突的过程中聆听也同样有助于在认知和感情上平息冲突，这种平息能够开辟智慧和个人成长的道路。

不惜一切代价地聆听

在协调生活方面，我的另外一个外国学生，约瑟夫神父就是一个很有说服力的典型。他是一个宗教人士，在卢旺达的种族灭绝屠杀中侥幸生还。约瑟夫是一个图西人（译注：卢旺达与布隆迪境内的少数民族），他的许多熟人，80万图西人以及中立的胡图族人都被胡图人杀害了。

在战乱期间，有一次约瑟夫跨过了卢旺达的边境，来到了一个避难营。他被误认为一个胡图人，于是他便化名进入了胡图民兵的堡垒。对于一个种族屠杀中的幸存者来说，这种糟糕的情况是可以想象的，但它确实发生了。令人吃惊的是，他没有只顾着逃命，相反的，呆在难民营期间他却对敌人产生了好奇。

围在篝火旁的那些夜晚依然历历在目，约瑟夫曾经记得那里的胡图族人竟然进行杀人比赛。他们狂笑不止，相互嬉闹着。约瑟夫极力控制住自己，一言不发。我不清楚他的做法是不是为了保命，因为据我所知，他随时可以逃离营地。事实上，他对此很着迷，也很好奇。这不是一种病态的好奇，更不是对众多谋杀者的内心生活和社会关系产生的科学性的学术好奇。非但如此，对于约瑟夫来说，这是一次精神的成长之旅。约瑟夫不但需要了解人文环境的各种表面现象，而且他也确实需要了解敌人的内心世界；而当时他的确正在试图了解自己所经历的地狱般的生活。

约瑟夫需要了解这些既杀害无辜，又有着正常人际关系和家庭生活的人。约瑟夫不仅听到了一些恐怖故事，而且也从一些人的故事中了解到了积极的一面。这种经历既是痛苦的，也能够给人以启迪。他最终明白了深藏于人心的善与恶，最终明白了人性已经完全丧失，同时也在他们身上发现善良还有可开拓的空间。

这种方法给约瑟夫指明了走出地狱的道路，一条把敌人当作既有缺陷，又有人情味，而且随着环境的好转能够改变的人的道路。在受到人身伤害的状态之下，他当然不希望学习这些课程。诅咒所有的杀人者都下地狱去要比找到解决问题的方法容易得多。沉默和聆听需要约瑟夫对这种极端的情况做出更加细微的反应。这将把解决冲突的能力培养成一种真正生活的方式，这是他以前未曾经历过的。

耶稣基督曾将爱赐予了芸芸众生，甚至用爱心感染敌人。作为虔诚的基督教徒，约瑟夫以耶稣为榜样，也把爱传向了同胞。对于约瑟夫来说，这次身份的误解以及危险的匿名经历使得他直接面对这次最艰难的实践。这次经历将他引上了一条通向沉默、人性和解决冲突的道路。

既然约瑟夫可以在种族屠杀中做到这一点，那么，当我们受到并不严重的伤害，比如被父母、孩子、伙伴和同志伤害的时候，为什么不能采用这一方法呢？约瑟夫对卢旺达有诸多抱怨，天主教会在种族屠杀之前，没能尽最大的努力来扑灭滋生了种族优越论，导致种族大屠杀的种族歧视的火焰。这尤其让他感到恼火。然而他却通过此事全面地了解了敌人，也让他获得了有关人类境况甚至是自身的认识。

这一课旨在让我们找到了解以及聆听对手的方法，这是很有建设性的。即使军事战略家，从孙子到克劳斯威茨，也都是如此看待问题的。我们把别人的故事、人类的故事记住得越多，我们就能变得越强大。这种协调的方法能使我们个人达到一种境界：在生活和社区中解决冲突的时候，不论成功还是失败，我们都能够坚持下来。

为他人留出空间

在协调中，保持自己的空间舒适的同时，允许其他人空间的舒适和愉快是一件重大的任务。我们的生活从一开始几乎就注定要为空间而发生冲突。我们出生在完全独立的环境之中。在最舒适的环境中，婴儿们总是习惯受到注意，并且习惯于把一切可利用资源都掌握在自己的手中。从这一点上说，我们在生活中占用了家庭资源中的所有空间。很快，我们就不得不与其他人共享空间，注意力的竞争就变得尖锐起来了。父母们迎来了来自兄弟姐妹的压力，那就是：要将他们花在新生儿身上的时间和空间返还给他们。

新生儿占据的空间有多少，年长的姊妹的行为回归到婴儿状态就有多快，这是最明显的标志。他们渴望重新拥有婴儿所受到的注意和无条件的爱。我以前把这种同胞兄弟之间的竞争看成是令人厌烦的小孩子之间的事情，但是现在我有了年幼的孩子，我对此有了更加深刻的理解。我把它当作了人为了给自己争取空间，以及为了从失去空间的伤害中恢复过来所做的斗争。许许多多的父母和我谈到了次子日日夜夜地同长子竞争的现象。很小的孩子在这种环境下会说出一些极端的话，或者做出一些极端的事情，包括希望他的兄弟死掉，或者否认他们家庭的存在。然后，他们不得不面对在这种暴力想法和言论之后所产生的内疚感。

在后来的生活中我们常常看到成年人也有同样的表现。例如，当一个新人刚刚加入一个社区或者工厂，他就胜任同样的工作的时候。这种紧张感可能十分强烈，因为他威胁到了他人的合法性存在。

这里的关键就是把空间和时间当作要求大家共享的稀有资源。在商讨分配这些稀缺资源的时候，需要把公正、公平、慈爱与对这个过程中难免出现的不完美、满含同情式的容忍艺术性地结合起来。教会家庭或集体成员培养这种能力，并且树立榜样同样是关键的。这条道路虽然崎岖，但却是在集体建设中运用八步法则的基础。

在共享空间这个问题上存在两种截然对立的任务：一种是让其他人感到这个空间是欢迎他们的，另一种是让那些已经处在该空间中的人感到他们并没有遭到驱逐。

人类面对这种挑战已经有几千年的历史了，所以借助古代智慧的意义在于，它能够帮助我们理解什么方式是最有效的。这里有两条很重要的互补性原则，它有助于保持空间分享的平衡，即：传统和法规与欢迎客人和陌生人。世界上所有主要文明和宗教中都有一种古老的神圣的行为，那就是尊重客人的习惯。与此相对应，传统和法规在各国文化、宗教中都有表现，它教给人们一种标准，通过这种标准来保证集体生活中那些已经拥有了一定空间的人的权利。换句话说，作为一个陌生人，不管我们多么受欢迎，也不能忘记那些建立社区的人的权利。只有拥护财产所有法，人们才能消除担心被外人操纵的疑虑。

在一本罕有人知的书——《希伯来圣经》中描述了这种微妙的平衡。《路德书》中有一个耐人寻味的故事，由于该地闹饥荒，一位名叫诺米的犹太女子不得不随同丈夫和两个儿子离开圣地。他们来到了摩雅人的居住地，摩雅人是以色列人的传统敌人。饥荒在蔓延，诺米的丈夫和两个儿子都被饿死了，只有两个没有孩子的摩雅寡妇和她活了下来。诺米说服了其中的一个——路德回到她的人民那里。路德非常喜欢诺米，因此她宣布，永远不会离开诺米，而且要与诺米同生共死。

这样，路德就成为了爱、牺牲和精神友谊的典范。当这两个无儿无女的柔弱女子返回圣地的时候，一个非同凡响的人——波茨出场了。波茨要求他的工人尊重摩雅人路德，与她友善相处。在这片陌生土地上，路德完全是个陌生人，但是波茨展现出了关爱陌生人、接纳陌生人并且平等共处的重要精神品质。最终，波茨还表示，他愿意娶路德为妻，并且坚持以诺米亡夫的名义照顾她，展现出了非常大度的风范。但是有一点很关键：在此之前，他严格遵守当时的法律，并且确保了其他继承人没有任何异议。

《路德书》同时展示了两种价值观：一方面是爱戴和接纳陌生人，从而愿意分享空间；另一方面是已经生活在社会契约下的人们彼此尊重，从而必须遵守法律。

我们可以从这个故事中学到很多关于与对手分享空间的道理。"扩大"生活空间的重要的方法就是让每个人感到他是完全受欢迎的，特别是通过历史悠久的礼节来达到这一点。同时，我们也要保证尊重和不驱逐那些早已来到此处的人。

家庭生活中，包容新成员的习惯同等重要，在任何时候，这些方式都是有前提的，也就是说，我们需要保证已经存在的人们能够受到尊敬、受到爱戴，以及保证他们已经拥有的空间。这并不意味着年长的孩子就不需要为了失去空间而悲伤。他们难免会悲伤的，这是很自然的事情。而我们的工作就是构建家庭集体生活，一种具有广泛意义的集体生活。我们的工作还包括把解决冲突的所有知识统一起来，协调发展。

《路德书》的结局很完美：因为路德喜欢诺米，该镇的人都因此而尊重她。诺米和路德后来成为了大卫王的祖先。她们在圣经中诠释了爱与付出的胜利，波茨诠释了在欢迎陌生人、给予他们空间的同时尊重传统和习惯的重要性和强大力量。尽管饥荒和失去孩子的背景非常悲惨，这仍不失为一个关于协调和恢复集体关系的美妙故事。

在耐心与激情之间

在我所遇到的那些成功地帮助人们解决了冲突的人中间，几乎没有人不是充满激情的。我们倾向于认为和平是一种静态的现象，是一种安静的状态，但实际情况并不是这样，它是一种动态的交往过程。交往就需要不断的活动，需要创造力，更需要沟通的深切欲望。这需要一种能量，其本质上是乐观的，但目的是为了寻找冲突的核心。在这种能量之中存在着一种不可动摇的决心——面对难题的决心（他人却唯恐避之不及），它常常和极大的耐心融合在一起。这种激情不会让耐心和忍让向反方向发展，而会让其发展成一个决心来让人进入生活，进入世界的道路。

乔治·米切尔参议员是我们这个时代最伟大的和平使者之一。我和他有过一次短暂的相遇，他眼中闪烁的光芒深深地打动了我。那时，他谈到了爱尔兰和中东的和平之路，仿佛这就是他最大的愿望。他冷静、耐心、字斟句酌地表达着他的想法和建议。

在个人层面上，米切尔参议员所教给我们的东西就是用一种充满激情的乐观态度面对所有的问题，就好像面对的是一个机会一样。而经过了筋疲力尽、失去信心的糟糕一天之后，我们很少在那个晚上还能保持那种积极的感觉。那时，我们应该多想想那些我们所爱的人和我们所喜欢的东西。到了第二天早上，等我们的体力恢复了之后，我们就能够用一种新鲜的方式看待事情，把握我们自然的能量并且将之引导到制造和平的激情上去，引导到一种信仰上去，相信我们一天中的一部分时间至少能够解决一个重要关系的一部分，这一点是非常重要的。通过这种方式，解决冲突就变成了轻松的度假和打电话。

在犹太教中，和平不仅仅是一个目标，它更是一种神圣的热情，一种神对所有人的祝愿。我们应该把和平看成一种激情、一种途径。虽然客观上它不会减弱冲突的剧烈程度，但是可以在主观上增强我们的决心、希望和坚定不移的信念。

正如我在开篇讲的那样，冲突是生活的基本组成部分。很多冲突是具有建设性的、健康的，有助于个人的成长。我们需要把冲突看成一种实际上能够加强人际关系的机会，只有认同这个观点，才能把潜在的破坏性冲突转变为建设性冲突的关键。

随着年龄的增长，我逐渐认识到自己说过的一些话和做过的一些事可能让人们感到不舒服，比如，我在广播或电视上说过的那些艰难的全球冲突问题。通过估计这些反应，我变得比20多年前更具有包容心，更富同情心，因为我更加同情普通人对冲突和暴力的反应了。是我的热情引导我在对待别人时有了更具创造性的反应，当然，我做的还远远不够。如果我在毫无防备时被别人无意地伤害，我也可能无法建设性地处理。

如果我们学会了估计冲突并且具有引导冲突的热情，那么，我们就可以进一步设想我们将采取怎样的措施才能取得长期的更佳的结果。回想一下先前哪种方法最有效吧。与其为失去的而悲伤，不如接受冲突带来的改变，并且在此过程中寻找机会，使自己和他人一同踏上康复之路。

关 爱

在众多的冲突解决专家之中，我几乎没有发现有人难以表达自己的情感。大多数工作在这一线的男男女女深切地关心着他们试图帮助的人们。就是这样，他们很容易地让人们完成"感知"这一步，因为对于满怀爱和关怀的他们来说，这是自然而然的事情。

即便处在最糟糕的冲突之中，我们仍然能够找到关怀和爱的感觉，这一点是非常必要的，这也是我把这个问题留到现在才讨论的原因。我们都知道夫妻争吵综合症，在那种情况下，人们经常像拧开关一样"打开"和"关闭"冲突。"你是我见过的最自私的人！在商店里你总是忘记所有我需要的东西。"然后，过了5分钟，"亲爱的，你想要一些爆米花吗？这是我特别为你做的"，就像一切从未发生过似的。这一幕的目击者也许是在房里呆着的一个客人，他一定会猜测他们可能就要离婚了，并且怀疑为什么这个世界上还有人结婚，但是这只能是另一天所要发生的事情；

关怀与爱总是同冲突相伴而行的。

在人际关系中这种方法是最不理想的了，但也不完全是破坏性的。它是在充满爱与责任的前提下发泄压力和挫折感的一种方式。从另一方面来说，即使在不会产生破坏性后果的条件下，我们也不应该低估这种方法的难度，更不应该在破坏性的冲突中盲目地应用。

研究典型人物能够测试出人们对灾难性冲突的反应，对于我来说，这种方法尤其重要。以色列和巴勒斯坦士兵成为了我在战争中怎样运用爱与关怀的典型。我让山姆帮助我确认敌人身上的某些东西，因为他具有这种能力，而我却不能——至少在对惯于实施暴力的人加以同情的时候，我便丧失了这种能力。角色典型对每个人都具有吸引力，把它们主动找出来是学习如何关心他人，甚至在最糟糕的环境中关心他人的有效方法。

我在西岸遇到赛义德酋长之前就已经对他有所耳闻了。他是以宣扬爱而闻名的宗教领袖，他曾同犹太人和穆斯林一同跳起圣舞。在见到他之前我就想象过他的样子，我决定用他回答敌人时惯用的和平手势来回应他。

在我一生之中，赛义德与我联系得最为密切，即使表面上我们是敌人。在最艰难的时期我们曾经相互拥抱，一同歌唱，有时候甚至从相距三千英里的地方问候对方，互相激励。事实上，当我在战争中给他打电话的时候，他所在的一方是与我们冲突最激烈的敌人。由此可见，我们永远也不会知道谁在对手身上拼命地寻找关心的机会，有时候一个最小的手势也能引发人际关系上的大变化。赛义德酋长支撑着我的和平希望和梦想，我也曾给予他小小的帮助以维系他的希望和梦想，但是他却勇于为我和其他千千万万的人树立榜样。

爱和关怀的能力并不排除正义与公平意识，也不意味着我们需要抑制它。在解决冲突的时候我们不能也不应该忽略对正义的基本关心，这是首要的原则。帮助我们协调的爱与关怀并不否认我们需要偶尔做出评论，也不否认我们需要反对应受到惩罚的犯罪行为。

评论必须得到权衡，必须在过度地注重完成持续降低冲突中的破坏性目标和逐步提高冲突中的建设性目标中间找到平衡的支点。只强调爱和关怀而忽略了对与错这个基本问题，便打破了内在的道德尺度和外在的道德标准之间的平衡。此外，一个成功解决自身矛盾的人的性格当中所包括的许多竞争性人格魅力，它们之间仍然需要平衡。在具体的情况之下人们有时别无选择，只能同这种平衡作斗争，向其中一方倾斜。

诚实，谎言，坦诚

为了协调人际关系，这些关键的选择需要另外一种重要的人格作保证，那就是诚实。诚实，如同其他的性格特征一样，需要当作一项前进中的工作来考虑。如果我们把这种性格特征看作静态的，或者把它当作可有可无的东西，那么任何一个步骤都不会成功。所有的性格特征都是我们时时渴望达到的理想目标，就象靶心一样。正是通过向着理想努力进军，我们才能在解决冲突中取得进步。每一个代表着诚实和感谢的手势都会对冲突双方之间的交往产生不可估量的影响。

我有一个朋友兼同事——塔拉，她非常善于与人沟通。她在交往中有一种非凡的能力，能够很容易地承认她所做的任何误导他人的事情。事实上，她看上去好像准备好了在任何时候为她在沟通中的错误角色致歉。很多人身上都具备这一优点，我的姐姐雷莎在她的商务交往中也很擅长这一点。她能够让与她交流的人彻底放下武装，这种非凡的人格魅力使她得以完成自己的职责。

任何冲突都很可能存在许多误会，冲突的双方都有责任，这主要是因为沟通是一种很不精确的过程。毋庸置疑，很多人确实不太擅长直接沟通，另外有些人擅长欺骗性的沟通。然而，通过坦白承认沟通中的一般错误，塔拉和雷莎创造了更加和谐的人际关系。有些人一生中都没有为任何事情道过歉，这很大的缺点和不诚实的标志。

诚实有两个方面：一是对自己诚实，二是对他人诚实，两方面都是需要加以培养的重要习惯。然而诚实也有一个问题，它将直接作用到冲突并进而影响我们改善关系的方式。事实上，我对于我的对手在某些事情上通常是"不诚实"的，因为我认为不需要交流我所知道的每件事情。比如说当我介入他人的冲突中，我不会将他的对手对我所说的关于他的坏话告诉他来激怒他。当我同别人争吵的时候，我总是试图隐瞒，不说出我心中的话来让事情变得更糟。阻止完全的坦白并不总是破坏性的，相反，很多时候是必要的。

区别诚实对于解决冲突什么时候有利什么时候不利，不是一件轻而易举的事情，也不可能达到完美。在解决冲突中，"重新构造"的整套方法，即通过采用更具建设性的方式重申他们彼此的位置来帮助两个人或者团体解决他们的问题，这在实际操作中具有一定的欺骗性。毕竟，许多人说一些破坏性的话纯粹是因为他们想变得，并且故意要具有破坏性！由此可见为什么需要重构？他们可能在那个遭遇的瞬间，想要伤害或者羞辱对手。当我们将他们说的话用更积极的方式进行重构时，我们是否还算诚实呢？我认为仍然是的。无论如何，重构有它的优点，只要它不是在故意掩盖应该表达的愤怒。

我们在一定程度上审视自己是应该的，但不应无限度地扩大以至于忽略了冲突的中心。人们必须先了解很多丑恶的东西才能实现超越并进而展望人际关系的真正改善。诚实在很多方面是好的，并且很重要，但是无理、残酷、特别是无休止的诚实，就变得具有破坏性了。既然有害的诚实有其存在的时间和地点，那么在合适的时间就应该结束它,并使它为构建良好的关系服务。这两者之间的平衡是成就和谐目标的关键之一。

怎样决定适合的坦白程度,通常取决于每个参与者的技巧和人格。有些冲突性的价值观念本身都是好的、正确的,无论怎样进行权衡,均属于良好人格的内部工作。比如说,真相和同情的权衡、谦虚和自信的权衡、对和平的追求和对公正的追求,这些并没有超出良好品质的内部要求之外。要懂得怎样和何时最大程度地利用真相来解决我们的冲突,良好的人格是非常重要的。"协调"要求我们持续地在常规基础上将这种权衡进行实施、投入试验、并从失败中吸取教训。

移情能力

移情的能力非常有助于达到和谐这一目标。移情能力在某种程度上具有创建和平与解决冲突的性质,因为,正是通过移情,我们得以找到与其他人和谐共处的好办法。在很多情况下,排除危机既是一种解放,也意味着无奈地忍让。了解我们自己需要的同时去了解那些极力反对我们或者憎恨我们的人的需要,这确实是让人难以忍受的时刻,这个时刻不免会让人感觉这个世界充满瑕疵和悲剧。然而移情的培养和经历毕竟能够有助于人们发现这世界的真相,并极大地增强人类的创造性。

有这样一种说法:需求是发明之母。一旦你了解了自己的心,也了解了憎恨你的某个人或者某个群体的心,你就可能会发明或者发现第三种存在的方式——和平共存。一个公平美好的世界,除了和平共存之外别无选择。因此,移情为我们发展内心的强大创造性技能铺平了道路。

思奇·纳·罕(Thich Nhat Hanh)是我们这个时代最伟大的和平理论家之一。罕经常涉猎佛教中的非二元论。按照他的解释,其基本的思想是:对现实的全面而真实的了解会消除人们之间的隔阂。人同此心，心同此理，关键在于人们需要让自己的思想习惯于这种真实的现实。

罕的观点本质上和移情理论具有相同的作用。罕的方法之重要性表现在，通过他对成千上万学生的训练表明：移情或者非二元论是一种可以培养的心理习惯。曾经有几万越南人从他们多灾多难的国家乘船出逃，中途被海盗袭击，发生了可怕的暴行。世界各国拒绝接受他们，但是思奇·纳·罕和许多人考虑到这些人的利益，要求诸如美国等国家开放他们的边境接纳这些难民。最终美国和其他一些国家接受了这一主张，但是很多越南人已经被杀死或者淹死了。

罕写了一首令人震惊的诗，诗中他把自己视为坐船逃难的人中一个被强奸的小女孩，"我是一个被强奸的女孩……"，接下来他描述了这个越南小女孩是怎样在海上被强奸并失去生命的故事。接着，他的笔锋惊人地一转，在诗中写到，"我是一个海盗……"，他接着描写的是一个人怎样在海上变成一个不顾一切的愤怒的海盗的故事。整个故事通过移情作用触及命运的多劫和悲惨，令读者无言以对。我们在感动中理解了移情的力量和必要性——要想真正挑战人类悲剧并彻底平息暴力行为，移情的力量必不可缺。

罕没有仅仅止步于传递着人类之爱的词句，而是进入了人类悲剧的黑暗本质，并坚持将移情伸向黑暗的角落。他在向我们描述一个年轻女孩短暂一生的快乐和悲伤的同时，也揭示了一个海盗的悔恨与不幸。他坚持这么做并不是为了触发人们对社会的愤怒，就像很多西方社会批评家那样，而只是为了引发对他人的移情和认同，这能够让我们拯救小女孩免于被强奸，也能避免让小男孩成长为一个强奸犯。

苏子是一个了不起的康复治疗师。她从事按摩治疗，具有专业水平，她的工作是专门为了帮助那些因慢性疾病而影响了四肢使用的病人。受她帮助的人已有很多，对这些人的苦难，她展现了一种惊人的移情能力。苏子越来越为世界上持续不断的源于种族仇恨的战争感到忧心，于是她加入了非洲一个重要的AIDS工作组织，致力于帮助孤儿。她的同事中有个叫奥米刚果的人。奥米刚果饱受人间苦难，他的村子和家庭大部分都被AIDS毁了，他是少数的几个幸存者之一。这位50多岁的老人有激情、有能力，他知道怎样通过政治和经济手段来改变和拯救生命。但由于不断见证着失去的生命，脾气变得暴躁不安。

当我听说了同奥米刚果一起工作是多么困难时，我开始好奇于苏子是怎样处理好和他的关系的。他们之间的关系对工作的开展和良好运转至关重要，我很想知道他们的这种关系是否稳固。

有一天我和苏子谈起了她和奥米刚果相处的事情。我们谈到了为他制定计划，她顺便提到，"当然，那些事他是不会做的，每次会面他都会谈及那些愤怒的事情，他需要一切机会去说说那些事情，因为他太悲伤了。"然后她很快地转向了下一个话题。

这次谈话最让我震惊的是苏子在与奥米刚果相处时，竟如此多地把移情内化为她思考的一种习惯，好像这已经成了她的第二个天性。别人与奥米刚果的交往总是以争吵结束，但是苏子能如此优秀而又如此快速地移情，以至于你很难探究她帮助这个复杂的好人的原因所在，而她的帮助方式却是其他人无法做到的。她的移情能力达到极致，但在感情上并不走极端。她的心性使她有独特的交往策略和处理事情的方式。苏子因为自己的移情能力，同奥米刚果保持了一种稳定的关系，但是她只能为他做这么多了；因为要保持与人良好的关系，最终是他自己要面对并处理自己的许多问题。

挑战过去以创造幸福生活

前面我们已经看到，人们很容易沉迷于冲突之中，并将冲突作为一种生活方式,但是生活并不必然如此。我们可以创造一种不同的生活,这种生活虽然不能解决过去所有的问题,但是却直接地将过去最糟糕的部分转变为将来更好生活的组成部分。

派德罗为我们提供了一个优秀的范例。派德罗是中美洲一个小村庄里受过高等教育的人。他现在虽住在美国,却每天都为家乡的人们受到的不公正待遇而感到难过。他明明知道是谁犯下了这些罪行,但是他和他的村民们一样,无力来改变现状。这让他倍受煎熬,因为虽然身在他乡,他受教育的全部目标首先就是为了找出改善人们生活的办法。

派德罗成了一名律师,一名很优秀的律师。他一直在帮助人们解决那些他们自己不能解决的困难,但是他却不能帮助他古老村庄的人们。当派德罗帮助这里的人们时,他知道最好的协调者在最后达成的创造性协议中,能让每个人都认为自己收益最大。他能够巧妙地保护那些无防备的人,以至于即使是最具攻击性的诉讼人,也认为他们在最后的过程中是获胜的。这一点虽然并不总能顺利地达到,但是他的成就已经足够为他赢得显赫的名声了。

当派德罗返回村庄去看望他的家人时,所有过去的愤怒都回到了他身上,所有的技巧在这里都失去了作用。当他在镇上碰到那些压迫村民的人时,他除了轻蔑感觉不到其他东西,他无法隐藏这种感觉。时间的推移,本来已经使他越来越善于隐藏自己的愤怒,但是当再次面对他自己家庭遭受的悲剧时,那些技巧又都背叛了他,他已经无法做出什么创造性的举动了。

我不认为派德罗的故事是冲突中的一个失败,相反,我认为那是一个巨大的成功。让我们设想一下,如果派德罗呆在村子里,眼睁睁看着自己对于局势的无能为力,结果会怎样。他会变得愤世嫉俗,对任何事情失去信心。他失去受教育的兴趣。为了挣一点小钱,他参与小规模的的犯罪,这种参与持续了5年。他是一个聪明的人,最终成功地组织了他自己的犯罪团伙。

有一天他看到了一个把他的小规模犯罪同发泄长久以来的愤怒相结合的机会。毕竟这些年来，他一直在寻找生活的意义，寻找能够留下一个比小罪犯更好的名声的方法。他一直都没有结婚，也没有子女，因此也没有家庭遗产留下来，也许他可以通过其他方式为自己留名。

派德罗和他的小犯罪团伙袭击了镇上最有钱的人开的一座能源工厂，这样可以让派德罗的犯罪团伙成为唯一稳定的煤油供给者。这项犯罪可以让他变得富有并成为英雄。仅仅是由于意外，他在炸掉工厂的时候误杀了几个工人。这个意外引起了国家机构的注意，他们通缉他，他杀了他们中的几个，最终自己也被杀了。军队蜂拥而至来到小镇进行镇压，想要给小镇一个教训。他们驱逐了派德罗的家庭，使其成为生活在边境上的难民。派德罗死了，他的家庭也被毁了。

现在回到实际所经历的生活中，派德罗把困难的、破坏性的冲突转变为一种生活使命。他帮助那些无助的人们把冲突转变为建设性的。派德罗为他自己构造了一种生活，一种有深远意义的好生活。他不能解决他自己村庄的问题，而且当他回到那儿的时候他也没能太好地控制自己的愤怒。但是在他大部分的生命里，他把一种悲伤的过去转变为一种具有影响力的现在和未来。

派德罗在冲突中找到了意义，但是他把冲突的意义转变成了为无助的人们服务的某种建设性的斗争，这同时也得以创建一种成功的职业生活。更让人印象深刻的是，他正在教导人们在坚持正义的同时还要为冲突的各方考虑。他通过斗争发现了意义，但是他把斗争变成一种最终能治愈所有人的斗争。他给很多人带来幸福的同时也给自己带来了幸福。

派德罗确实要面对一个事实：他并不是上帝，回到自己过去的村庄时他失去了所有的技能。如果呆在那里，他的斗争很可能是破坏性的而不是建设性的。但如今，他毕竟走在一条良好的生活道路上，而且已经将惨痛的冲突遗产结合进个人高度的技巧和良好的人格培养中。

我们可以从派德罗身上学到的是：怎样把一种过去的破坏性的冲突转变为一种受益终身的建设性的冲突。在某些方面，我们可能永远也不会让往日的冲突轻易流逝，但是我们仍然可以把他们转化成一些高尚的、有意义的和最终能治愈所有人的东西。

派德罗生活在和谐之中。而这一章里介绍过的其他一些人物，比如山姆，拉比•塞图恩，以色列和巴勒斯坦士兵，什克•塞义德，思奇•纳•罕和苏子，每个人都展示了怎样将解决冲突的最终目标定位于某种生活方式的实现。这种生活方式将所有解决冲突的各个步骤协调起来，并且把它们打造成为构筑良好人格的基础。在弥合破坏性的冲突中，他们创造了高尚而又富有意义的人生。

人生在世，知道自己每天都在努力构建良好的关系而不是毁灭这种关系，不失为一件高尚的事情。这一高尚的目标本身就可以进而成为缓解你和你的许多对手之间关系的一个很有力的典范。与其他冲突解决者一样，面对人类境况的持续挑战，我们通过实施八步法，或许会发现一个更美好的和平状态。

第十一章 和谐——八步法在社区中的应用

致　谢

　　我想对罗达尔的出版商和编辑表达我由衷的感激之情，特别是斯蒂芬妮•塔德和马克•杰夫，尤其要向克里斯•波塔什表示感谢，因为他们都给予这个项目极大的信任，对我十分尊重，还因为他们把出版业务和为了社会利益而进行的转变性工作结合起来。我的代理人埃斯蒙•哈姆斯沃斯曾经自始至终跟踪这个项目，给予我各种积极的鼓励，这些鼓励激励了我坚持不懈地完成本书的创作工作。我推荐他做我的代理人，我欠他太多，多得已经无法用语言描述。我也很乐意向罗切尔•希尔瓦表达我的感激之情，他也是一位杰出的、富有创造力的代理人，他极其大度地鼓励我从事这项工作，指导我正式和埃斯蒙以及出版商合作。

　　多年来，在创作本书的道路上，有许多同事和旅伴给了我很多的教导，为我提供各种各样的帮助。他们是斯哥特•阿普勒贝、基文•阿弗鲁奇、萨拉•科比、南希•古德•赛德、隆•科莱比尔、约翰•保罗•莱德拉奇、马尔塔•米诺、马克•罗斯、理查德•E•鲁本斯坦、利萨•斯克奇、唐纳德•施利瓦、达维•斯莫克，乔治•曼森大学冲突分析与解决学院的同事们，以及东门诺纳提大学冲突转化工程系的同仁们。

　　还有一些人曾对我的工作寄予厚望，给予我极大的帮助。在整个领域内他们正是致力于解决冲突的人们的典范与楷模，他们极其善于思考，也极其富有创造性，如果没有他们，我对这些问题的看法就不会有太大的进步。他们是传教士拉克尔•科万和利比•霍夫曼。

　　在我感到沮丧的时候，一些亲密的朋友激励我、鼓励我，让我重新振作起来。他们是阿维娃•博克、罗伯特•艾森、布莱恩•哈姆林、泰德•卡普查克、伊泽克•兰道、杰克•利维斯、麦丽•门努斯金、乔·蒙特威尔、约尔·托宾、我的姐姐丽莎·雷、以及泰德·沙森。

两个组织同时为我提供了两个家，在那里我学到了很多东西，在那里我和他们分享我的观点。他们是正视历史和我们自己协会的同仁们，尤其是马果·斯特罗姆、亚当·斯特罗姆、马克·斯科维尔斯基以及马蒂·斯利波尔；还有变化委员会的同仁们，特别是迪克和兰德兄弟、马丽莲和克里斯托夫夫妇、查尔斯和卡希夫妇，以及安妮·哈姆林。

我的学生尤迪·邓巴精确地编辑了手稿，我也很乐意与他一起合作；世界宗教、外交和冲突解决中心的领导西瑟·伍德曼，将我的生活安排得井井有条，使我得以完成此书的写作工作。她赐给我的友谊和指导激励着我和许多人。

在写作此书的五年里，我很少尽家庭义务，比如刷盘子等等，我母亲保琳·格平容忍了。我永远对她怀有感激之情，她为我和我的家庭敞开了大门，我们一起融洽地共度了五年美妙的时光。令人遗憾的是我们必须离开了。要是没有那个家庭作基础，我真的不知道我是否还有现在的创作激情。

和往常一样，我年仅18岁的爱妻罗彬承担了最大的家庭重担，我的孩子们，露蒂、莱西和伊萨克，也不得不面对一个身兼两职的父亲：一、调解矛盾；二、生活有点奇怪的作家。这两点使我不能非常方便地接近三个可爱的孩子。谢谢你，罗彬，这是发自肺腑的感谢！你对我以及我的工作寄予厚望，并且在生活中千方百计地为这项工作让路！等到有一天我们不再这么忙碌的时候，再一起分享这些年的劳动成果。

作者简介

马克·格平,乔治·梅森大学冲突分析与解决学院的教授,从事宗教、外交与冲突解决研究与实践,获"詹姆森·H·劳厄教授"称号,任该学院宗教、外交与冲突解决中心主任。他在世界各地——尤其是中东地区的冲突中穿梭,对外交反馈信息进行研究,他和冲突双方的政治、宗教和军事人物都有交往。他在哈佛大学、耶鲁大学、哥伦比亚大学、普林斯顿大学,以及其他学术机构作过关于冲突解决的学术报告。他曾经在瑞士、爱尔兰、印度、以色列以及其他地方培训了数千名学生,以和平策略处理那些宗教和文化扮演着重要角色的复杂冲突。

格平于1983年接受犹太牧师约瑟夫·斯洛维赞克的任命,在叶锡瓦大学工作;1993年获得布兰德斯大学宗教伦理学博士学位。他曾经在 CNN、The Jim Lebrer News Hour、Israel Radio、National Public Radio、The Connection、Voice of America 等媒体任职,也曾经在瑞典公共广播电台、爱尔兰公共广播电台和北爱尔兰国家公共广播电台工作,从事媒体分析。他在国际先驱论坛、波士顿环球报和基督教科学箴言报发表了大量作品,出版了许多专著,主办了很多期刊杂志。他的作品曾经被伦敦时报、美联社、新屋新闻服务社、合众国际新闻社等媒体专门介绍。

格平的早期作品有《在伊甸园和哈米吉多顿之间:世界宗教、暴力与和平的未来》(牛津大学出版社2000版)、《神圣的战争和神圣的和平:宗教如何给中东带来和平》(牛津大学出版社2002版)。他现在居住在弗吉尼亚州。